SOCIÉTÉ

DES

ANTIQUAIRES

DE L'OUEST

ABBAYE DE CHARROUX.

Imprimerie de Saurin.

NOTICE

SUR

L'ABBAYE DE CHARROUX ;

Par M. de Chergé. (1)

———

MESSIEURS ,

Il existait naguère dans la petite ville de Charroux une célèbre abbaye, dont les restes majestueux encore attestent la puissance.

Aux temps de religion et de chevalerie, la piété ingénieuse des fidèles se plut à l'orner et à l'enrichir ; on y vit briller la magnificence et les pompes royales : maintenant ces richesses , cette magnificence , ces pompes ne sont plus rien.... qu'un souvenir attaché à quelques ruines , et, bientôt même , ruines , souvenirs , tout aura disparu.

En effet, depuis cinq ans , le fer retentit sur les vieux murs durcis par le temps ; les routes sont pavées des décombres qui formaient autrefois le temple du Seigneur , et la main impie de l'homme positif du xixe siècle s'est jointe à la faux du temps pour hâter une destruction trop lente au gré de sa cupidité et de son impatience sacriléges.

Quels furent les nobles fondateurs de cette abbaye, ses

---

(1) Les chiffres supérieurs du texte renvoient aux chiffres correspondants des notes supplémentaires et des pièces justificatives.

puissants soutiens , ses richesses , ses beaux jours ; quel enchaînement fatal , quelle métamorphose déplorable changèrent cette prospérité en jours de deuil et de ruines : tel est le sujet que j'essaye aujourd'hui, Messieurs, de traiter devant vous.

Des hommes de science se sont occupés déjà de l'abbaye de Charroux (1), et c'eût été pour moi une raison de m'abstenir , si je n'eusse été enhardi dans ma résolution par cette pensée, que la Société des Antiquaires de l'Ouest doit surtout compter sur le zèle de ses membres pour réunir dans ses archives les indications les plus précises et les plus nombreuses sur l'histoire des monuments compris dans le cercle de ses explorations, afin d'atteindre le but conservateur qu'elle s'est proposé. J'ai aussi pensé qu'habitant à Charroux , il m'était peut-être plus facile qu'à un autre de recueillir les renseignements locaux indispensables en pareille matière. J'aurai, du reste, sur mes savants devanciers , le triste avantage de conduire l'histoire de l'abbaye presque jusqu'à l'enlèvement de la dernière pierre.

Les matériaux ne m'ont pas manqué pour mon travail, et je puis dire qu'ils l'ont rendu facile. La bibliothèque de Poitiers renferme des documents très-curieux sur l'abbaye de Charroux. Le recueil de dom Fonteneau est à lui seul un véritable trésor , puisqu'il contient les copies authentiques de presque ² tous les titres de l'abbaye, annotées et discutées par ce savant Bénédictin (2). Je n'ai donc eu en

(1) Voir les Affiches du Poitou, an 1774. — L'ouvrage sur les antiquités du Haut-Poitou, par MM. les conservateurs du département de la Vienne, 1ʳᵉ livraison. — Une notice que je crois être de M. de la Borderie, dernier abbé de Charroux. (Recueil de dom Fonteneau, vol. CH, nº 55, biblioth. de Poitiers.)

(2) Recueil de dom Fonteneau, vol. CH, nᵒˢ 4, 55, etc.

quelque sorte qu'à feuilleter pour obtenir un résultat, et tout mon mérite, s'il y en a, n'a consisté que dans un peu de patience.

Au reste, je n'ai point eu la prétention de refaire tout à neuf; mais, comme j'ai eu le soin d'appuyer chacune de mes opinions sur des textes exactement cités et copiés en note, j'aurai du moins prouvé ce que d'autres avaient dit avant moi : cela me suffit......

Si j'aborde mon sujet, la première question qui se présente à moi est celle-ci : D'où vient le nom de Charroux, désigné dans les chartes et chroniques par ces mots latins : *Carrofium, Carroficum, Carofum?* Plusieurs opinions ont été émises sur ce sujet, et je me suis permis, à tort peut-être, d'en trouver beaucoup de ridicules et peu de satisfaisantes..... Peut-être suis-je difficile? Vous allez en juger.

Certains étymologistes ont voulu faire dériver Carofum des mots celtiques *carreg, carreig, carrac,* rocher, *carrérog,* terrain pierreux, à cause de la quantité de cailloux que l'on trouve dans le pays (1).

D'autres ont pensé que la proximité de la Charente, *propè fluvium Karanta,* était la seule cause de ce nom (2).

D'autres en trouvent l'étymologie complète dans *onus carri, fardeau du char, tribut, chose transportée,* et par une extension qui ressemble à un tour de force, *réunion des reliques, saint dépôt, saint tribut* (3).

Des auteurs pensent que Carofum fut ainsi appelé en mémoire de Charlemagne, *ob honorem Caroli* [3], et peut-être par lui-même [4].

(1) Recueil de dom Fonteneau, vol. CH, n° 55.
(2) Antiquités du Haut-Poitou, 1re livr., p. 4.
(3) *Idem.*

D'autres, plus subtils encore, font dériver ce nom des deux mots latins *caro rubra*, chair rouge, ou bien *caro filii*, chair du fils, à cause de la relique sanglante qui attirait de pieux pèlerins [5].

D'autres enfin, poussant encore plus loin leurs recherches, pensent que le nom de *Carroph* avait été donné sous les Gaulois au pays de Charroux à cause de la proximité des chars publics, *propter carrorum confinia, id est vehiculorum publicorum* [6].

En m'humiliant à la vue de ces interprétations dont je ne comprends pas, je l'avoue à ma honte, toute la profondeur, je crois devoir protester contre la dernière, comme portant atteinte à l'honneur de mes concitoyens, puisqu'elle ne tendrait à rien moins qu'à prouver que chez eux la civilisation a suivi une marche rétrograde, s'il était vrai que les Gaulois eussent établi des voitures publiques (*vehicula publica*) dans un pays où le xixe siècle avec toutes ses lumières aura peut-être beaucoup de peine à en créer.

Quoi qu'il en soit, je suis, comme on le pense, fort embarrassé pour prendre un parti au milieu du très-savant conflit élevé entre tant et d'aussi illustres étymologistes, surtout lorsque tous ont également raison...., si tous n'ont pas également tort ; le plus sûr serait d'appeler *Brid'Oison* à mon aide, si ce comique personnage pouvait paraître décemment dans une notice scientifique [7] ; j'aime donc mieux, pour le décorum, m'arrêter à la simple opinion du bon chroniqueur, et je ne doute pas qu'après l'avoir entendu, vous ne soyez parfaitement de son avis : « *Quod nomen cur* » *ei dederit, sicut nostros latuit majores, ità quoque et nos* » *latet, quamvis multa super hujus interpretatione nominis* » *à multis dicantur. Quæ nos vanitati potiùs quàm veritati*

» *deputantes*, SILERE *potiùs quàm de his aliquid scribere* » *elegimus* (1). » A son exemple je me tais, laissant à votre sagacité le soin de prononcer elle-même.

Si les étymologistes, malgré les larges ressources de l'interprétation et les subtiles inventions de la science, n'ont pu s'entendre sur la véritable signification du nom de l'abbaye de Charroux, les auteurs aussi sont loin d'être d'accord sur l'année précise de sa fondation. Néanmoins comme cette question ne saurait reposer sur des idéalités et des fictions, et qu'elle doit avoir au contraire pour base des dates, des faits historiques et des rapprochements, peut-être parviendrai-je, à l'aide de ces sûrs jalons, à la trancher d'une manière à peu près certaine.

La chronique de Maillezais fait remonter la fondation de l'abbaye de Charroux à l'an 769 [8].

Un auteur dont j'ignore le nom la fixe à l'an 771, après avoir prouvé l'erreur de la chronique de Maillezais [9].

Les Annales bénédictines, au contraire, font dater cette fondation de l'an 785 [10], et c'est l'opinion généralement reçue (2); néanmoins Lecointe, dans ses Annales ecclésiastiques, prétend qu'elle eut lieu en 789 [11].

Avant d'embrasser l'un ou l'autre de ces avis, il me semble important de fixer un point qui pourra jeter une grande lumière sur la discussion des dates, et servir de base à mes raisonnements. Le voici :

Quel fut le véritable fondateur de l'abbaye de Charroux ?

Malgré l'opinion de dom Mabillon qui donne ce titre à Roger, comte de Limoges [12], malgré l'assertion hasardée de

(1) Besly, Hist. des Comtes de Poitou, p. 160.

(2) Thibaudeau, Hist. du Poitou, t. 1, p. 248. — Affiches du Poitou (1774). — Notice de M. l'abbé de la Borderie (Recueil de dom Fonteneau, vol. CH, nº 55).

quelques auteurs qui en qualifient Louis-le-Débonnaire, quoiqu'il n'ait fait, et c'est précisément la cause de l'erreur, qu'*achever* et *embellir* ce que son père avait commencé [13], je pense que cette question n'en est pas une.

En effet, chartes, diplômes, inscriptions, tout est d'accord avec la plupart des auteurs pour attribuer à Charlemagne l'honneur de cette belle fondation [14], à laquelle Roger, comte de Limoges, et son épouse Eufraise ou Euphrasie, prirent, il est vrai, une très-grande part, puisqu'ils fournirent le terrain, et accordèrent des subsides et revenus [15]. Mais il est un point qu'on ne saurait trop remarquer, c'est que dans tous les manuscrits et chartes de Charroux, Roger porte toujours le titre de *comte* [16], *comes, comes lemovicensis;* or tous les auteurs s'accordent à fixer au retour de Charlemagne de son expédition d'Espagne, la création des ducs et comtes qu'il établit dans le Midi et l'Ouest de la France pour prévenir toute invasion du dehors, comprimer toute réaction de l'intérieur [17]. L'expédition de Charlemagne contre les Sarrasins eut lieu en 778 (1) : ce n'est donc qu'à cette époque que Roger fut nommé comte de Limoges; et dès lors qu'il est certain que l'abbaye de Charroux doit sa fondation à la puissante coopération de ce Roger, comte de Limoges, il faut en conclure en bonne logique que cette fondation ne peut avoir eu lieu tout au plus qu'en 778, et ne peut par conséquent remonter à la date de 771, ainsi que le prétend l'anonyme, et encore moins à celle de 769, ainsi que le soutient la chronique de Maillezais.

L'opinion de dom Mabillon est bien plus rationnelle et

______

(1) Velly, Hist. de France, t. 1, p. 402. — Art de vérifier les dates p. 710.

plus sûre. Il l'appuie sur une charte [18], qu'il dit être celle de fondation, « *donnée le* xive *jour des kalendes de juillet (18 juin) de la* v^e *année du règne de Louis, Roi d'Aquitaine, sous son père Charles;* » et c'est avec raison que le savant Bénédictin assigne, en vertu de cette charte, à la fondation de l'abbaye la date de 785, puisque Louis fut sacré Roi d'Aquitaine, à Rome, par le Pape Adrien Ier, le 15 avril 781 [19], et que par conséquent la cinquième année de son règne qui, selon l'usage, commence à son sacre, tombe en 785. Or, si nous trouvons un titre relatif à l'abbaye de Charroux, portant la date *authentique* de 785, l'opinion de Lecointe cesse dès lors d'être soutenable, puisqu'elle tendrait à prouver que la fondation de l'abbaye serait de quatre ans postérieure à un titre de cette même abbaye. La charte citée par D. Mabillon n'existe pas dans le recueil de dom Fonteneau, mais elle est imprimée dans le tome ii des Annales bénédictines. Elle porte le titre de *Testament de Roger...*, et au lieu d'être à la date du xive jour des kalendes de juillet (18 juin), elle porte celle du xive jour des kalendes de juin (19 mai) [20]. La construction latine semblerait même exprimer la cinquième année du Roi Charles : « *Sub* » *die* xiiii *kal. junii regni nostri Caroli gloriosi regis, sub* » *anno quinto, regnante filio suo domino nostro Lodoico* » *rege Aquitanorum.* » Mais comme il serait impossible de faire coïncider la cinquième année du règne de Charlemagne avec le règne de Louis son fils en Aquitaine, (puisqu'en adoptant la manière la plus favorable de compter les années du règne de Charlemagne, c'est-à-dire à partir de 772 [21], la cinquième année tomberait en 777, un an avant la naissance de Louis-le-Débonnaire) [22], il faut bien admettre le système d'interprétation de dom Mabillon, qui

concilie tout, et fixer avec lui la date de la fondation de
l'abbaye de Charroux vers l'an 785.

Je vous ferai grâce, Messieurs, des faits vraiment édi-
fiants et des miracles sans nombre qui, selon certains
auteurs, provoquèrent ou suivirent la construction du
royal monument. Je ne suivrai point les vieux chroniqueurs
dans tous les détails que leur pieuse crédulité nous a
transmis avec une si confiante bonhomie. Ces légendes,
ces narrations extraordinaires ne sauraient être des arti-
cles de foi, et l'on peut, sans être taxé d'hérésie, refuser
de les imposer comme tels à un siècle qui cherche à se
rendre compte de tout, au risque, il est vrai, de se tromper quand même, et de ne croire à rien.

Au reste, il me semble d'autant plus légal d'opposer
une fin de non-recevoir aux révérends moines, qu'ils ont
grossièrement altéré les faits historiques les mieux avérés.
C'est ainsi que plusieurs d'entre eux ajoutent de leur
pleine autorité aux expéditions déjà si nombreuses et si
étonnantes de Charlemagne, un pèlerinage en Galice, et
une croisade en Terre-Sainte que certes le monarque ne fit
jamais [23].

Vous ne m'eussiez même pas vu consentir à assumer une
sorte de complicité dans ce crime de lèse-histoire, si ce n'eût
été dans cette pieuse croisade que (toujours selon les
chroniques) le Roi reçut des mains d'un ange le St-Vœu,
appelé aussi Ste-Vertu *(Sanctam Virtutem)*, relique qui
joua depuis un si grand rôle dans l'histoire de l'abbaye de
Charroux [24].

Cette relique, dont l'existence nous semble incroyable
aujourd'hui, et qui dut même paraître plus que singulière
aux esprits éclairés de ces siècles d'ignorance [25], fut pen-

dant long-temps l'objet de la vénération empressée des fidèles [26], et attira de nombreux pèlerinages et de puissantes protections à l'abbaye [27].

Au milieu de toutes ces dévotes fictions, ce qui paraît certain, c'est que l'abbaye fut, dès son origine, placée sous la règle de St Benoît, et que douze religieux furent chargés du service de ses autels [28].

Charlemagne lui fit don d'un morceau de la vraie Croix qu'il avait reçu du patriarche de Jérusalem [29], de plusieurs autres reliques, d'une bibliothèque, chose rare à cette époque, et d'objets précieux, parmi lesquels on remarquait trois croix, deux calices, sept encensoirs, cinq tables, quatre chandeliers, un livre écrit avec une couverture magnifique, et ce qui était nécessaire aux cérémonies du culte, le tout en or pur [30].

Sa munificence royale ne se borna pas là. Il sanctionna et scella de son anneau le testament de Roger qui lui fut présenté en son palais d'Aix-la-Chapelle en 799 [31], confirma par un diplôme les dotations qui avaient été faites, et en ajouta même de nouvelles [32]. Il déclara l'abbaye exempte de l'autorité des évêques, et de tous droits de la part du pouvoir séculier [33] ; puis il soumit le tout à l'approbation du pape Léon III, qui se trouvait alors à Aix-la-Chapelle [34], et qui se rendit peu après, accompagné de Bertrand, évêque de Poitiers, et d'un grand nombre de prélats d'Aquitaine, à Charroux, où il célébra lui-même la dédicace de l'église, qui fut mise sous l'invocation de St Sauveur, de la Vierge Marie et de tous les Saints, le xviiie jour des kalendes de juillet (14 juin) 799 [35].

Deux ans après, Léon III adressa à tous les évêques d'Aquitaine une bulle dans laquelle, après leur avoir rappelé la dédicace qu'il avait faite avec eux, il mettait

l'abbaye et tous ses biens sous leur protection, et confir-
mait le diplôme scellé de l'anneau de Charlemagne [36].

Le successeur du grand Roi était trop porté par ses goûts
personnels vers la dévotion, pour qu'il pût oublier de
continuer à l'abbaye de Charroux l'affection protectrice
que son père lui avait témoignée. A peine sur le trône,
Louis-le-Débonnaire fit achever en pierre la partie occi-
dentale de l'abbaye, qui avait été jusqu'alors en bois,
c'est-à-dire telle qu'elle était lors de la construction primitive [37], et il l'accabla de dons et de largesses.

Par un diplôme du 12 février 815 [38], il confirma, entre
autres droits accordés par Charlemagne aux religieux de
Charroux, celui de se nommer eux-mêmes leur abbé. En
817, il exempta de tout péage trois vaisseaux dépendants
de l'abbaye, en quelque port et sur quelque rivière qu'ils
se trouvassent (1).

La munificence de son fils Lothaire se joignit à la sienne,
en 830 (2), et à celle de Charles-le-Chauve, son successeur, qui, outre la confirmation et l'extension de grands
priviléges, établit des règlements concernant les avoués
qu'il avait, à l'exemple de ses prédécesseurs, accordés à
l'abbaye de Charroux, ainsi qu'il résulte de deux diplômes
de 872 et 874 (3). Ce fut ce monarque qui fit don à l'abbaye de la couronne d'épines et des clous que les religieux
disaient avoir servi au crucifiement de J.-C. C'est du moins
ce que sembleraient indiquer ces deux vers du roman de
Doon de Nantuel :

Par la foy que je doy, la couronne et li clou

(1) Recueil de dom Fonteneau, vol. CII, n° 4.
(2) *Idem.*
(3) *Idem.*

Que dans Challe li Chaux apporta à Charrou (1).

Les rois ne furent pas les seuls dont les libéralités enrichirent l'abbaye de Charlemagne, car les seigneurs s'empressèrent de marcher sur leurs traces, ainsi que le prouvent un grand nombre de chartes de donations (2). Les papes ne restèrent pas non plus en arrière; Jean VIII et Benoît VII, par leurs bulles de 879 (27 septembre) et de 976, mirent sous leur protection l'abbaye de Charroux dont ils confirmèrent les priviléges (3), et leur exemple fut suivi, ainsi que nous le verrons plus tard, par leurs successeurs (4).

Il est aussi constant que plusieurs rois de France se firent un devoir, dès leur avénement au trône, d'expédier à l'abbé de Charroux un diplôme confirmatif de tous les priviléges et immunités accordés à l'abbaye par leurs prédécesseurs (5).

Aidée de tels secours, protégée par les grands de la terre, l'abbaye prenait chaque jour un nouvel accroissement, et sa puissance eût été bientôt immense, si elle n'eût été arrêtée dans sa marche rapide par des incendies malheureusement trop multipliés.

Le premier dont il est fait mention eut lieu en 988 [39]; mais il ne fut probablement que partiel, puisque le 22 mai 990 (et non pas 989, ainsi que le prétend M. l'abbé de la Borderie) [40], l'abbaye était déjà restaurée, et capable

(1) Recueil de dom Fonteneau (Mss Robert du Dorat), vol. 29, pag. 129.
(2) Recueil de dom Fonteneau, vol. CH, n° 4.
(3) *Idem.*
(4) *Idem.*
(5) *Idem;* plusieurs de ces diplômes ne s'y trouvent plus.

de recevoir les membres du concile qui s'y tint à cette époque, et dont on a conservé les canons [41].

Au reste, ce concile ne fut pas le seul ; il s'en tint plusieurs autres dont nous parlerons plus tard. Les auteurs du pouillé du diocèse de Poitiers prétendent qu'il y en eut un en 985, et le père Richard assure même avoir vu les canons d'un autre concile antérieur, puisqu'il serait de 983 (1) ; mais, malgré mon respect pour les auteurs du pouillé et pour le père Richard, je dois dire que je n'ai pu découvrir, dans les pièces et ouvrages spéciaux que j'ai compulsés, que les quatre conciles de 990, 1028, 1082 et 1186, dont j'administre les preuves (2).

Si l'on croit la chronique d'Adhémar de Chabannais, la restauration de l'abbaye, opérée dans l'intervalle de 988 à 990, ne fut que provisoire, ou bien l'église fut victime d'un second incendie, puisqu'il faut l'une ou l'autre de ces causes pour motiver l'érection d'une nouvelle basilique qui aurait été commencée, dit Adhémar, en 1017, par l'abbé Geoffroy [42]. Il faut aussi dire que cette nouvelle basilique fut consacrée en 1028, au plus tard, puisqu'à cette époque Guillaume V, duc d'Aquitaine, y rassembla un nouveau concile pour éteindre l'hérésie des Manichéens et confirmer la foi catholique [43].

La chronique de Maillezais prétend qu'une nouvelle dédicace eut encore lieu en 1047, et un autre auteur la fixe au xvi des kalendes de juillet (16 juin) 1048. Je ne saurais admettre qu'avec beaucoup de défiance ces deux opinions, puisqu'elles sont l'une et l'autre basées sur un anachronisme [44].

(1) Antiquités du Haut-Poitou, 1re livr., pag. 5.
(2) Voir les notes 40, 43, 45 et 51.

Malgré l'esprit religieux qui dominait cette époque ,
malgré la protection éclatante du Saint-Siége et les foudres
du Vatican, quelques seigneurs , jaloux des richesses de
l'abbaye de Charroux, tentèrent de s'en emparer : c'est ce
que prouve une restitution solennelle faite vers 1051 , à
l'abbaye, par Guillaume, prince d'Auvergne , de quantité
de biens considérables que *sa famille* avait envahis pendant ou après la guerre des Normands , et qu'il possédait
lui-même par *droit successif* : cette restitution se fit avec
pompe, en présence des quatre fils du prince, Etienne ,
Robert, Guillaume et Pons ; de Guillaume , duc d'Aquitaine , d'Audebert, comte de la Marche, d'Audebert, comte
de Périgueux, de Geoffroy, comte d'Angoulème, d'Hugues,
vicomte de Châtellerault , d'Aymard de Rochechouard ,
d'Audebert de Rochemeau , et de plusieurs prélats et seigneurs de la cour d'Aquitaine (1).

De nouvelles donations vinrent bientôt enrichir l'abbaye
de Charlemagne. En 1079, Ingelramne et Emme, sa femme,
lui firent don du village de Ham , en Flandre , pour en faire
une abbaye dépendante de celle de Charroux (2) , et c'est
de cette époque que date l'autorité de la métropole sur
l'abbaye de Ham , autorité qui fut plus tard confirmée par
un bref du pape Urbain II (21 mars 1097) (3).

On ne saurait attribuer au troisième concile tenu à
Charroux une date autre que celle de 1082, puisqu'en effet
ce fut alors, et le 11 novembre, que les évêques réunis dépo-
sèrent Bozon , évêque de Saintes , consacrèrent un autel , et
firent l'ostension des précieuses reliques de l'abbaye [45].

En 1082, Philippe Ier , roi de France, confirma par un

(1) Recueil de dom Fonteneau , vol. CH , n° 4.
(2) *Idem.*
(3) *Idem.*

diplôme (1) les priviléges de l'abbaye de Charroux, qui vit augmenter sa puissance par le don de deux églises que Girard, évêque de Térouane, lui fit en 1084 (2), et par d'autres donations (3).

En 1096, Pierre, abbé de Charroux, étant allé trouver le pape Urbain II, qui était alors au concile de Clermont [46], le pria de venir, à l'exemple de Léon III, dans son abbaye, pour y célébrer la dédicace de l'église. Urbain II, ayant obtempéré à ses désirs, vint à Charroux, accompagné d'Aimé, archevêque de Bordeaux, de Hugues, archevêque de Lyon, d'Adalbert, archevêque de Pise, de Rainger, archevêque de Reggio, de Pierre, évêque de Poitiers, de Jean, cardinal, et d'autres prélats. Il fit la dédicace de la basilique, et célébra une messe solennelle sur le grand autel. Cette brillante cérémonie eut lieu le IVe jour des ides de janvier (10 janvier) 1096 [47].

Le même pontife adressa en cette année à l'abbaye de Charroux une bulle confirmative de tous ses priviléges. Cette bulle est très-curieuse et très-importante, en ce qu'elle renferme la liste exacte de toutes les principales possessions de l'abbaye, et qu'elle prouve combien la piété des fidèles et la protection des grands avaient rapidement augmenté sa puissance. En effet, dans l'espace de trois siècles (de 785 à 1096), elle avait acquis et possédait en France, et même en Angleterre, plus de cent églises, six monastères, deux abbayes, deux châteaux forts et plusieurs terres. Ces divers domaines étaient ainsi répartis : dans le diocèse de Poitiers, quarante églises et une

(1) Recueil de dom Fonteneau, vol. CH, n° 4.
(2) *Idem*.
(3) *Idem*.

terre ; dans le diocèse de Limoges, dix églises, deux monastères, un château fort; dans le diocèse de Saintes, quatorze églises; dans celui de Périgueux, cinq églises et un monastère; dans le diocèse de Cahors, trois monastères; dans le diocèse d'Agen, trois églises ; dans celui d'Angoulême, six églises et deux monastères; dans celui de Bordeaux, deux églises ; dans celui d'Angers, une église; dans le diocèse de Beauvais, deux églises; dans celui de Reims, une église; dans celui de Térouane, trois églises et une abbaye ; dans celui de Bourges, une église; dans celui de Clermont, sept églises, une abbaye et un château fort; enfin, dans le diocèse de Lincoln, en Angleterre, trois églises et un monastère [48].

Ces immenses richesses furent encore augmentées peu après (1), le 24 novembre 1101, par un concile tenu à Poitiers, et le 27 décembre de la même année, par Raymond, évêque de Périgueux (2).

Henri II, roi d'Angleterre, ajouta même, vers 1115, un don de plusieurs héritages (3).

Guillaume Ier, évêque de Poitiers, et Guillaume III, évêque de Périgueux, donnèrent à l'abbaye, le premier le 30 juillet 1117 et le 23 avril 1121, le second le 15 octobre 1117, plusieurs églises situées dans leurs diocèses (4).

Vers 1130, Wulgrain, comte d'Angoulême, confirma le don d'usage que Foulques, comte d'Angoulême, son bisaïeul, avait accordé aux religieux de l'abbaye de Charroux, dans la forêt de Boësse (5).

(1) Recueil de dom Fonteneau, vol. CH, n° 4.
(2) *Idem.*
(3) *Idem.*
(4) *Idem.*
(5) *Idem.*

En 1136, un nouvel incendie vint encore arrêter cette prospérité toujours croissante. Cet incendie que je ne trouve mentionné que par M. l'abbé de la Borderie (1), me semble néanmoins justifié. En effet, la position de l'auteur qui était, en 1789, abbé de Charroux, a pu lui procurer des renseignements positifs perdus depuis, lors de la dévastation révolutionnaire, et rien ne s'oppose du reste à ce que cet incendie ait eu lieu par suite de l'occupation anglaise et du pillage commis par les bandes étrangères, ainsi que semblerait le témoigner un passage de l'enquête juridique de 1567 [49].

Les papes Anastase IV et Adrien IV, par leurs bulles du 10 mars 1153 et 8 avril 1159, approuvèrent les priviléges et les dons récemment faits à l'abbaye de Charroux (2), et Raoul de Mortemar, neveu de Guy de la Marche, confirma, l'année suivante, 1160, tout ce que son oncle avait donné à cette abbaye, lorsque sur la fin de ses jours il s'y fit religieux (3).

Les évêques de Poitiers se distinguèrent aussi entre tous par leurs dons multipliés (4), que l'abbaye fut autorisée à accepter par plusieurs bulles de différents papes (5).

Une bulle d'Alexandre III, en date du 24 juin 1160, prouve clairement qu'à cette époque, les moines de l'abbaye de Charroux ne se distinguaient pas précisément par leur exactitude dans l'observance de la règle, puisqu'en effet ce pape fut obligé de dispenser ces religieux de quel-

---

(1) Recueil de dom Fonteneau, vol. CH, n° 55. — Notice sur l'abbaye de Charroux.

(2) Recueil de dom Fonteneau, vol. CH, n° 4.

(3) *Idem.*

(4) *Idem.*

(5) *Idem.*

ques devoirs trop austères pour eux, et qu'ils ne pouvaient plus pratiquer (1). Ce n'était au reste que la conséquence d'un plus grand relâchement, puisque déjà, vers 1014, Guillaume V, duc d'Aquitaine, avait été contraint d'écrire par trois fois à Aribert, abbé de St-Savin, afin qu'il envoyât à Charroux dix d'entre ses moines les plus fervents dans l'observance de la règle de St Benoît, et dont les bons exemples pussent agir efficacement sur les Bénédictins de Charroux [50].

Il paraît certain, d'après un acte dressé par un grand nombre d'évêques, à la date de 1170, qu'Henri II, roi d'Angleterre, avait mis sous sa protection l'abbaye de Charroux, dont il s'était déclaré l'*avoué*. Au reste, plusieurs chartes de lui monumentent l'affection toute particulière qu'il avait toujours montrée pour cette abbaye (2).

En 1186, un quatrième concile se tint à Charroux, sous la présidence d'Henri de Sully, archevêque de Bourges, cardinal et légat du St-Siége [51].

Héritier de l'attachement que son père avait témoigné aux Bénédictins de Charroux, d'autres disent mécontent des Poitevins auxquels il voulut donner une preuve du peu d'estime qu'il avait pour eux, en leur léguant ce que son corps avait de plus vil, Richard-Cœur-de-Lion, roi d'Angleterre, ordonna en mourant que ses entrailles fussent déposées dans l'abbaye, ce qui eut lieu en effet vers 1099 [52].

En 1210, le pape Innocent III confirma par une bulle, et à l'exemple de ses prédécesseurs, tous les priviléges et

(1) Recueil de dom Fonteneau, vol. CH, n° 4.
(2) *Idem.*

immunités de l'abbaye (1), qui vit sa puissance s'augmenter par le don de plusieurs héritages que lui fit, le
5 août 1248, Hugues de Lusignan, avant son départ pour
la Terre-Sainte (2), et par les lettres qui lui furent adres-
sées, le 13 avril 1249, par Alphonse, comte de Poitou,
pour maintenir les religieux de l'abbaye dans la possession
des biens qu'ils avaient acquis dans ses fiefs et arrière-
fiefs (3).

L'abbé de Charroux et ses religieux ne relevaient,
comme on le sait, que du pape, et ce privilége leur avait
été accordé dès l'origine, ainsi que je l'ai dit, par Charlemagne et Léon III (4). Aussi Hugues de Châteauroux,
évêque de Poitiers, ayant voulu porter atteinte à leurs
droits, les moines lui refusèrent l'entrée de leur monastère, et firent appel au St-Siége le 18 janvier 1260 (5).
Cette affaire fut renvoyée, il paraît, devant Odo, évêque
de Tusculum, qui s'établit intermédiaire entre les deux
parties. Il vit dans l'acte des religieux de Charroux
quelque chose de si peu respectueux pour le caractère
auguste dont Hugues de Châteauroux était revêtu, qu'il
condamna l'abbé et ses religieux à une réparation humi-
liante, dont il rédigea les termes et les plus petits détails
à Viterbe, le 2 mai 1260 [53].

Ce scandale apaisé, on vit le pouvoir de l'abbaye s'ac-
croître encore par le désistement que fit à son profit, le
30 janvier 1261, Hugues de Lusignan, comte de la Marche et d'Angoulême, de ses prétentions sur une moitié

(1) Recueil de dom Fonteneau, vol. CH, nᵒ 4.
(2) *Idem*.
(3) *Idem*.
(4) Voir les notes 33, 34 et 36.
(5) Recueil de dom Fonteneau, vol. CH, nᵒ 4.

de la haute et basse justice dans la terre de Mauprevoir (1) ,
qui fut au reste bientôt soumise en entier à la juridiction
de l'abbaye , en vertu du don de haute justice fait en 1315,
par Bernard de Monsvalet et Faydit Clerc , son frère , à
Raymond , leur oncle , abbé de Charroux , et aux religieux (2).

En la même année (1261) , le pape Alexandre IV alla
encore plus loin que ses prédécesseurs , et , par sa bulle
du 2 avril , il procura à l'abbaye une source de nouvelles
richesses , en permettant aux religieux de succéder aux
biens meubles et immeubles de leurs familles qu'ils auraient pu exiger avant leur profession (3).

Une bulle du même pape et de la même année prouve
que les abbés de Charroux , seuls possesseurs en cette
qualité des immenses revenus de l'abbaye , abusaient quel-
quefois de ce privilége au détriment des simples religieux qu'ils laissaient dans le besoin ; car ce pape fut
obligé de confirmer par cette bulle un règlement fait le
14 octobre 1237 , sur une commission de Grégoire IX ,
par Jean de Melun , évêque de Poitiers , ordonnant que
les prieurs de l'abbaye fussent *tenus* de payer des redevances aux religieux qui y faisaient le service , pour les
faire subsister (4).

Au mois de septembre 1277 , Philippe-le-Hardi , roi de
France , voulant donner à l'abbaye une preuve de sa munificence , permit aux religieux de posséder les héritages

(1) Recueil de dom Fonteneau , vol. CH , n° 4.

(2) *Idem.*

(3) *Idem.*

(4) Cette bulle est citée par M. de la Borderie , qui l'a vue dans un
cartulaire de l'abbaye , f° 141. — Recueil de dom Fonteneau , vol. CH ,
n° 55. — Notice.

acquis dans les fiefs et arrière-fiefs du Roi, dont ils avaient payé finance (1).

Le pape Martin V crut aussi devoir suivre l'exemple de ses prédécesseurs, en mettant sous sa protection, par une bulle du 5 août 1282, l'abbaye de Charroux, dont il confirma tous les priviléges (2).

A cette époque, la prospérité de l'abbaye était telle, qu'elle put traiter de puissance à puissance avec le roi de France lui-même, ainsi que le prouve une transaction passée en février 1289, entre Philippe-le-Bel et le prieur des Pleus, de concert avec l'abbé de Charroux et ses religieux, au sujet des droits communs à percevoir sur un bourg qu'on était convenu de rebâtir (3).

Le 1er février 1305 ou 1306, Clément V voulant donner à l'abbaye de Charroux une preuve de son affection particulière, permit à l'abbé de réconcilier lui-même son église, toutes les fois que la nécessité l'exigerait, pourvu néanmoins qu'elle eût été bénie auparavant par l'évêque de Poitiers (4). Cette dernière formalité fut, comme nous le verrons, abolie plus tard par Clément VII.

En mars 1325 ou 1326, Charles-le-Bel, roi de France, accorda aux religieux quelques revenus pour certains hommages qui leur étaient dus dans la ville de Charroux (5), et il ordonna à la même époque, et sur un différend élevé entre le sénéchal de Poitou et celui de la Marche, que désormais le ressort de la justice pour l'ab-

---

(1) Recueil de dom Fonteneau, vol. CH, n° 4.
(2) *Idem.*
(3) *Idem.*
(4) *Idem.*
(5) *Idem.*

baye de Charroux serait enclavé dans la sénéchaussée de la Marche (1) ; mais cette ordonnance fut rapportée, en juillet 1329, par Philippe de Valois, qui remit l'abbaye dans le ressort de la sénéchaussée de Poitou (2).

En 1367, à cette époque de douloureuse mémoire où les cruels léopards de l'orgueilleuse Angleterre flottaient encore sur les murs de nos cités d'Aquitaine, l'abbaye de Charroux sut, par la vénération dont elle était l'objet, s'attirer la puissante protection du roi anglais, Edouard III, qui la mit sous sa sauvegarde par ses lettres du 23 mai (3).

Le pape Grégoire XI, dans sa bulle du 13 avril 1371, confirma ce qui avait été fait par ses prédécesseurs (4); mais il fut dépassé bientôt par Clément VII, son successeur, qui voua à l'abbaye de Charlemagne une affection toute particulière, en sorte que ce fut à ce pape qu'elle dut sans contredit le plus de priviléges.

En effet, par une bulle du 12 avril 1379, il accorda à Géraud, alors abbé de Charroux, et à ses successeurs, la permission de bénir les images, les croix, les calices et les ornements sacerdotaux, soit dans son monastère, soit dans les églises prioriales et autres dépendantes de l'abbaye (5). Par une autre bulle du 15 avril même année, il accorda des indulgences au jour de l'ostension de la Sainte-Vertu, cérémonie qui se faisait tous les sept ans (6); par une autre bulle du 12 septembre même année, il donna à

(1) Recueil de dom Fonteneau, vol. CH, n° 4.
(2) *Idem.*
(3) *Idem.*
(4) *Idem.*
(5) *Idem.*
(6) *Idem.*

Géraud et à ses successeurs le droit de porter la mître, l'anneau et les ornements pontificaux (1); par une autre bulle du 15 avril 1380, il renouvela un ancien privilége accordé par Innocent III, par lequel il était réservé au pape *seul* ou à son légat de prononcer des sentences d'excommunication et d'interdit à l'autel de l'église de l'abbaye de Charroux (2), et ce fut au même jour et à la même année qu'il délia l'abbé de l'obligation de faire préalablement bénir son église par l'évêque de Poitiers avant de pouvoir la réconcilier (3). Enfin, le 27 novembre 1395, il accorda des indulgences à ceux qui visiteraient l'église de l'abbaye à certains jours (4).

Cette protection toute spéciale de Clément VII s'explique aisément par la position dans laquelle il se trouvait. En effet, le schisme d'Occident existait alors : Urbain VI avait ceint la tiare dans l'antique capitale du monde chrétien, tandis que Clément VII, à l'exemple de son prédécesseur, siégeait à Avignon ; il était donc dans son intérêt de rallier autour de lui par des bienfaits les grands ordres religieux, et surtout les plus puissants, afin d'augmenter le nombre de ses partisans, et de ramener ainsi peu à peu l'Eglise à l'unité primitive.

Quant à l'abbaye de Charroux, malgré l'éclatante protection du Saint-Siége, malgré sa puissance et ses priviléges, et précisément même à cause de ces priviléges et de cette puissance, elle se vit souvent en butte aux tentatives spoliatrices des seigneurs, et même des prélats jaloux de ses richesses. C'est ce que prouve une bulle du même pape

(1) Recueil de dom Fonteneau, vol. CII, n° 4.
(2) *Idem.*
(3) *Idem.*
(4) *Idem.*

Clément VII, donnée le 30 mars 1387 ou 1388, portant commission à l'évêque de Nantes et aux abbés de Saint-Sulpice de Bourges et de Saint-Martin de Limoges, d'arrêter les injustices que les archevêques, évêques et seigneurs du premier rang exerçaient contre l'abbaye de Charroux (1).

Malgré ces tentatives du haut clergé, la vénération des fidèles pour les reliques précieuses que renfermait l'abbaye existait dans toute sa force ; aussi était-ce un beau jour pour eux que celui de l'ostension de la Sainte-Vertu, jour attendu pendant sept années avec une vive impatience (2), jour auquel se donnaient rendez-vous, de trente lieues à la ronde, puissants seigneurs, hauts barons, bons bourgeois, vilains et manants, pour venir dire *neuvaines* à l'autel des miracles, gagner *force indulgences* par *patenôtres*, et se baigner dans la fontaine de St Sauveur. Quelques-uns, *servants* de Dieu, portaient autour de leurs bras ou de leurs pieds de forts anneaux rivés par le marteau, et ils ne devaient quitter ce signe de leur pieux *servage* qu'après l'entier accomplissement du vœu souvent bizarre qu'ils avaient fait au Seigneur (3). Alors le nombre de ceux qui faisaient leurs *dévotions* était tellement considérable, que les religieux ne suffisaient plus à entendre toutes les confessions, inconvénient que le pape Alexandre V crut devoir prévenir en autorisant, par une bulle du 21 novembre 1409, les religieux à choisir un prêtre *quelconque*

(1) Recueil de dom Fonteneau, vol. CH, n° 4.

(2) L'ostension avait en effet lieu tous les sept ans. Voir la bulle de Clément VII, en date du 15 avril 1379 (Recueil de dom Fonteneau, vol. CH, n° 4).

(3) Voir, pour les détails sur ce pieux usage, Tristan le Voyageur (de Marchangy), tome 1er.

auquel il donnait le pouvoir d'entendre les confessions des gens de toutes conditions, au jour de l'ostension de la Ste-Vertu (1). Au 30 janvier, il avait déjà, par une première bulle, renouvelé les indulgences accordées par Clément VII pour ce jour solennel (2).

Le but que les papes exposaient dans ces bulles, c'est-à-dire la fréquentation de l'église de l'abbaye de Charroux, fut bientôt atteint. L'affluence des fidèles ne fit qu'augmenter, et les soins des religieux ne contribuèrent pas peu à maintenir parmi les masses cette grande vénération par de pompeuses cérémonies. Nous en trouvons en effet un exemple dans une charte de 1445, de laquelle il semblerait résulter qu'au jour du Jeudi-Saint on exposa dans l'église de l'abbaye soixante-quinze reliques *véridiques*, sans compter celles qui ne purent être produites ou aperçues à cause de la disposition de l'église. Les principales étaient des morceaux de la vraie Croix, des liens qui garrottèrent J.-C. jusqu'au Calvaire, de l'éponge qui l'abreuva de fiel et de vinaigre, de ses vêtements, du sépulcre, du suaire, des vêtements de la Ste-Vierge, des membres, os et vêtements des Apôtres, des Innocents et autres saints et saintes. On se figure sans peine l'effet que devaient produire sur les âmes pieuses de nos bons aïeux ces objets vénérés (3).

L'affection des rois s'était de tout temps jointe à celle des peuples, et Charles VII ne crut pas devoir dégénérer. Ce noble restaurateur de la monarchie française pensa

(1) Recueil de dom Fonteneau, vol. CH, n° 4.

(2) *Idem.*

(3) La charte qui mentionne ce fait n'existe pas dans le recueil de dom Fonteneau, mais M. de la Borderie l'a vue parmi les titres de l'abbaye. (Voir sa notice, Recueil de dom Fonteneau, vol. CH, n° 55.)

qu'il ne pourrait trouver un gage plus sûr de la victoire
que dans une des reliques précieuses que possédait l'abbaye de Charroux. C'était un morceau de la vraie Croix,
le même qui avait été donné par Charlemagne, et que l'on
appelait *Bellator :* ce nom ne pouvait être que d'un heureux présage. Le Roi prit la relique, et depuis il la porta
toujours sur lui avec grande dévotion. Mais, pour récom-
penser l'abbaye de la condescendance qu'elle avait montrée en lui abandonnant son trésor, « il lui accorda le
» droit d'acquérir en Poitou jusqu'à 400 liv. de rentes
» seigneuriales et foncières, qu'il lui amortit par lettres
» patentes (1). » Il est néanmoins probable qu'il laissa à
son fils Louis XI le soin d'acquitter cette promesse ; car
je vois dans une enquête juridique de 1567 que, vers 1474,
l'abbaye de Charroux acquit tout ce que possédaient les
comtes de la Marche dans la ville de Charroux, « moyen-
» nant la somme de 2000 livres, laquelle somme peu au-
» paravant le roi Loys XI avoit donné ladite abbaye, en
» tesmoing de la récompense que feu le roi Charles VII
» avoit promis y faire pour raison d'un précieux reliquaire
» de la sainte Croix de N. S. que ledit roi avoit pirs en
» ladite abbaye à laquelle l'avoit donné ledit feu roi
» S. Charlemagne (2). » Or chacun sait que Louis XI
n'était pas homme à payer deux fois la même dette.

Peu après, Jacques d'Armagnac, comte de la Marche,
ayant été mis à mort, et ses biens ayant été donnés au duc
de Bourbon et à Anne de France, son épouse, ces nouveaux seigneurs forcèrent, en vertu de ce don, Louis Fres-
meau, alors abbé de Charroux, à rendre les biens primi-

(1) Recueil de dom Fontencau, vol. CII, n° 4.
(2) *Idem.*

tivement acquis par l'abbaye , moyennant toutefois la restitution des 2000 livres qui avaient été payées. L'abbé porta plainte à Louis XI , qui « déclara par lettres de » chartre qu'au don qu'il avoit fait en ladite confiscation » il n'avoit pas entendu comprendre le droit de *réméré* » en vertu duquel ledit seigneur duc de Bourbon avoit » retiré lesdites choses vendues , et en conséquence » ordonna que ladite abbaye en jouiroit *à toujours* en ren- » dant ladite somme de 2000 liv. audit duc de Bour- » bon (1). »

Il fit plus , et l'on ne peut trouver la cause de cette excessive libéralité si peu naturelle à un avare, que dans le culte particulier qu'il vouait à certaines églises et surtout à certaines reliques (2) , il donna, en 1479, à l'abbaye de Charroux six lampes d'argent fin avec leurs chaînes, pesant 626 marcs 4 onces, pour brûler à perpétuité devant le *Saint-Vœu* [54]. Il voulut que cette donation se fît avec pompe. A cet effet les lampes furent envoyées à Poitiers , avec ordre aux maire et échevins de cette ville de les faire porter eux-mêmes à l'église de l'abbaye de Charroux. Voici au reste la lettre que le Roi écrivait : « Chers et bien » amés, nous avons voué au Saint-Vœu de Charroux six » lampes d'argent, lesquelles nous y envoyons par le por- » teur, et pour ce que désirons que lesdites lampes » demeurent perpétuellement audit Saint-Vœu sans en être » bougées, nous vous prions, néanmoins mandons qu'in- » continent et sans délai, vous envoyez avec ledit porteur » un ou deux des plus notables eschevins de notre ville » de Poitiers pour illec prendre bonne et suffisante obli-

(1) Recueil de dom Fonteneau , vol. CH , n° 4.
(2) Voir l'histoire de Louis XI.

» gation tant de l'abbé que du couvent de ladite abbaye
» de Charroux de ne jamais aliéner ni transporter lesdites
» lampes du lieu où elles seront pendues en ladite église,
» et ladite obligation ainsi faite et passée suffisamment
» nous enverrez par ledit porteur, lequel nous envoyons
» expressément par-delà, et gardez qu'en ce n'ayez faute.
» Donné au Plessis du Parc-lez-Tours, le 7 janvier.....
» (1479). *Louis* (1). » Dans cette lettre, dans les précautions méticuleuses que croit devoir prendre le monarque
pour n'être pas trompé (lui qui en a trompé tant d'autres !), on voit se refléter tout entière la méfiance de son
caractère soupçonneux. Quoi qu'il en soit, obéissant à la
volonté impérieuse du monarque, le maire, les bourgeois
et les échevins de la ville de Poitiers commirent pour
accompagner le messager royal (Estienne Danpy) MM. Rogier, Le Roy, Dambion et Mauhans, échevins et bourgeois, qui rapportèrent en effet la ratification de l'abbé
et des religieux de Charroux, en date du 13 janvier de la
même année [55].

Par lettres de concession données à Thouars en février
1481, et enregistrées au parlement de Paris le 22 février
de l'année suivante, Louis ajouta encore à ses pieuses
donations et à celles de ses prédécesseurs en accordant *à
toujours*, et comme conséquence de ses premiers dons à
l'abbaye, en se réservant seulement le ressort et la souve-
raineté, tous les droits de propriété, justice, seigneurie et
juridiction que le comte d'Armagnac avait naguère en la
châtellenie de Charroux, afin que les religieux *fussent plus*

____

(1) Thibaudeau, Histoire du Poitou, t. 1, p. 251. Thibaudeau n'a
pas mis la date que j'ai cru pouvoir néanmoins fixer à l'an 1479, en me
fondant sur un acte qui paraît authentique. Voir la note 55.

*enclins à prier Dieu pour lui, pour sa prospérité et lignée,
et la bonne paix, union et tranquillité du royaume de
France* [56].

La donation des droits autrefois appartenant aux comtes
de la Marche fit tomber au pouvoir de l'abbaye de Charroux l'hôpital que ces comtes avaient fondé. Cet hôpital,
dont les bâtiments existent encore à l'extrémité de la ville,
sur la route de Poitiers, possédait plusieurs rentes, dîmes
et autres droits concédés par ses fondateurs, et était admi-
nistré par un prêtre séculier chargé de dire les messes
fondées par les bienfaiteurs de ce pieux établissement. Cet
administrateur n'en continua pas moins cependant, après
la donation, à rendre comme auparavant ses comptes au
sénéchal de la baronnie. Les revenus de l'hôpital, qui alors
étaient assez considérables, étaient ainsi distribués : un
tiers pour les pauvres passants, un tiers pour les réparations et le service divin, et un autre tiers pour l'administrateur qui était tenu à la résidence, afin d'avoir soin de
l'hébergement et logement des pauvres, des réparations,
et du service divin qui devait être *d'une messe chacun jour
de dimanche et de fêtes solemnelles, de trois messes en chacune semaine les jours de mardi, jeudi et samedi* (1).

Jusqu'alors l'abbaye de Charroux avait grandi à l'ombre
de la puissance royale ; elle avait été l'objet de la vénération des princes, des grands, du peuple et des fidèles ;
mais elle vit bientôt disparaître peu à peu le brillant pres-
tige dont elle était naguère entourée. Une ligue redoutable,
composée de seigneurs séculiers et même ecclésiastiques,
la dépouilla d'une partie de ses biens et de ses richesses. Il
fallut, pour en arrêter les cruels effets, une bulle du pape

(1) Recueil de dom Fonteneau, vol. CH, n° 4.

Innocent VIII, adressée, le 21 avril 1492, à l'abbé de Nanteuil, pour faire restituer par la voie des censures ecclésiastiques toutes les usurpations commises au préjudice de l'abbaye (1). Les foudres du Vatican n'étaient pas encore une vaine fumée; les spoliateurs craignirent d'être atteints par cette arme terrible, et ils restituèrent ce qu'ils avaient volé (2).

Rassurée de ce côté, l'abbaye reçut plus tard un coup funeste, et qu'elle ne put éviter.

On sait que l'assemblée des états généraux de France, en consacrant le principe de l'inaliénabilité du domaine, annula toutes les donations pieuses de Louis XI contraires à ce principe (3), et que cette annulation fut confirmée par l'ordonnance de Charles VIII, en date du 8 décembre 1484. En conséquence, Jean de Beaucaire, sieur de Puyguillon, conseiller et maître d'hôtel ordinaire du Roi, et Claude Sistel, sieur baron de la Garde, conseiller du Roi et trésorier général de France en la charge de Languedoc, commissaires députés pour la réunion du domaine de S. M., prononcèrent, le 24 juillet 1566, contre l'abbé et les religieux de Charroux, un jugement qui fut mis à exécution le 12 août suivant, par lequel la terre et seigneurie de Charroux fut réunie au domaine du comté de la Basse-Marche (4).

L'abbaye était alors sur son déclin; elle allait avoir bientôt ses jours mauvais. Mais avant de vous parler, Messieurs, des guerres de religion qui causèrent sa ruine,

(1) Recueil de dom Fonteneau, vol. CH, n° 4.

(2) *Idem*, vol. CH, n° 55. — Notice de M. de la Borderie.

(3) Chopin, *de Domanio*, lib. 2, tit. 14, n° 18.— Philippe de Commines, Vie de Louis XI, chap. 129.

(4) Recueil de dom Fonteneau (Mss Robert du Dorat), vol. 29, p. 131

je crois devoir vous entretenir d'une cérémonie imposante
qui avait lieu chaque année. Le récit n'en sera pas
sans intérêt, puisqu'il nous montrera l'organisation et
l'administration temporelles de l'abbaye, et le mode adopté
pour la reddition des comptes de la part des prieurs et
autres dignitaires relevant de la métropole.

« Par chacun an, disent les témoins oculaires, le
» 14ᵉ jour de juin, fête de la dédicace de ladite abbaye,
» se tenoit et célébroit le chapitre général, où se trou-
» voient et assistoient en personne tous les supérieurs des
» monastères et prieurés, membres de ladite abbaye ; se
» faisoit une procession générale où étoient portés tous
» les beaux et précieux reliquaires, et faisoit beau voir
» ladite procession, parce qu'il se trouvoit en icelle ordi-
» nairement cent ou six vingt religieux tous revêtus d'aubes
» blanches et couvert chacun d'une riche cappe, outre un
» grand nombre de prêtres séculiers, curés, qui sont à
» la nomination dudit sieur abbé, revêtus de même que
» lesdits religieux, le tout marchant en bon ordre, et après
» eux ledit sieur abbé revêtu d'ornements pontificaux : et
» n'est pas de merveille s'il y avoit en ladite église si grand
» nombre de chappes, pour ce que, outre celles que les
» rois et autres grands personnages y avoient données,
» c'étoit une coutume introduite de long-temps en ladite
» abbaye que tout aussitôt qu'un religieux étoit pourvu
» pour supérieur en un des membres susdits, ou en l'un
» des prieurés d'icelle abbaye, la première fois qu'en cette
» qualité assistoit audit chapitre général, il portoit une
» chappe neuve, laquelle, après qu'il l'avoit portée aux
» cérémonies, il la laissoit au trésor de ladite église, et
» s'en servoit tous les ans en pareil jour et cérémonies ;
» lesquelles cérémonies étant achevées, tous entroient au

» chapitre, où se faisoit une harangue publique sur le
» sujet de cette assemblée, et l'ouverture faite de la confé-
» rence des affaires, on remettoit le tout au lendemain et
» autres jours suivants pour traiter, comme l'on faisoit,
» de la partie régulière des grands et importants affaires
» de l'abbaye, et de tous les monastères, prieurés et cures
» dépendant d'icelle. Chacun des prieurs représentoit l'état
» de son bénéfice au spirituel et au temporel, et prenoit
» ordre de ce qu'il avoit à faire pour le bien d'icelui (1). »

Ces chapitres généraux, ces pieuses processions furent
bientôt abolis. L'abbaye, réintégrée dans ses biens par le
bref d'Innocent VIII, avait, il est vrai, brillé en peu de
temps d'un nouvel éclat ; mais bientôt éclatèrent les
guerres de religion qui devaient lui porter un coup si
funeste.

A cette époque, l'antique Catholicisme se vit attaqué
jusque dans son sanctuaire. Le fougueux Luther, profitant
de la disposition des esprits qui réclamaient une sage réforme, se posa chef de l'hérésie, et fit d'une querelle de
moines une révolution religieuse, qui devint bientôt révolution sociale. Parmi les éléments de succès qu'il sut
exploiter avec le plus d'adresse, on doit remarquer surtout
la jalousie des hauts seigneurs contre les richesses et la
puissance territoriale des prêtres. Luther flatta cette jalousie, et, en rattachant à ses doctrines, comme corol-
laire obligé, la spoliation du clergé et la confiscation de
ses biens immenses, il mit tous les ambitieux dans son
parti, en sorte que pour se faire *riches* les seigneurs se
firent *protestants* (2).

(1) Enquête juridique de 1567. Recueil de dom Font., vol. CH, n° 4.
(2) Voir les historiens de la Réforme.

Lorsque la Réforme eut passé d'Allemagne en France, où elle se personnifia dans Calvin, les seigneurs qui avaient restitué à l'abbaye de Charroux, en leur qualité de catholiques, ce qu'ils avaient primitivement usurpé, voulurent aussitôt prendre leur revanche, et, pour atteindre leur but, ils se firent ou se proclamèrent *réformistes*. Plusieurs même ne voulurent pas descendre jusqu'à cette feinte, et tous se précipitèrent avec leurs hommes d'armes sur la vieille abbaye.

Malgré ses fortifications, malgré le secours de ses nombreux vassaux appelés à sa défense, la ville de Charroux ne put repousser toujours avec avantage les efforts des spoliateurs, et le sort trahit plus d'une fois le courage de ses habitants. En 1569, Carbonnières, baron de Montrocher en Basse-Marche, capitaine d'un régiment d'infanterie de Huguenots, passant par Charroux en se rendant au siége de Poitiers où l'appelait l'amiral de Coligny, s'empara de vive force de la ville (1). Tout fut mis à feu et à sang. L'abbaye, qui était elle-même fortifiée, fut prise et incendiée, les moines furent massacrés. Les reliques saintes, les châsses d'or et d'argent, les pierreries, les ouvrages précieux, tout fut pillé. Une grande partie de la couverture de la nef fut la proie des flammes, les voûtes du chœur furent coupées et abattues, les sculptures mutilées. Heureusement les religieux parvinrent par leurs soins à soustraire, du moins en grande partie, les titres et les chartes à la fureur des nouveaux iconoclastes (2).

(1) Recueil de dom Fonteneau (Robert du Dorat), vol. 29, p. 129.

(2) Enquêtes juridiques de 1506 et de 1567.— Recueil de dom Fonteneau, vol. CH, n° 4.—Notice de M. de la Borderie, Recueil de dom Fonteneau, vol. CH, n° 55.

Il faut, pour se faire une idée des horribles dévastations dont l'abbaye fut victime, lire l'arrêté du chapitre de Charroux pris à la suite du rétablissement de la paix, le 21 décembre 1580, et les plaintes touchantes des bons moines [57], « *n'y ayant dortoirs, réfectoires, cuisine, cave, ni autres logements qui ne fussent ruinés.* » Les monastères qui dépendaient de l'abbaye et les prieurés avaient également été pillés, et *les revenus prins et levés par gens de main forte* qui avaient profité de la guerre civile pour s'en emparer sans risques et périls. Aucunes redevances n'étaient payées à la métropole, et le chapitre crut devoir nommer Guillaume le Heurteur syndic, chargé de percevoir les droits comme il le pourrait, *d'abonner les mésaiges dus audit couvent en espèce à telles sommes de deniers portables et rendables qu'il aviseroit pour le mieux*, et de faire en un mot toutes les transactions nécessaires pour amener quelques deniers au trésor (1). L'abbé de la Rochejaubert crut devoir abandonner 1200 livres de rente qu'on lui payait, pour qu'elles fussent employées à subvenir aux premiers besoins (2). Il fut décidé que l'on réparerait la chapelle qui servait de sacristie, pour y célébrer à l'avenir le service divin, et on arrêta aussi qu'à défaut de logement, *chacun des religieux se logeroit en la ville au mieux commode qu'il pourroit* (3).

Toutes ces mesures désespérées prouvent évidemment que les ravages et les spoliations avaient été immenses,

(1) Acte capitulaire du 21 décembre 1580. — Recueil de dom Founeau, vol. CH, n° 4.

(2) *Idem.*

(3) *Idem.*

et que l'abbaye ne pouvait plus désormais reprendre sa splendeur première.

En effet, malgré le zèle des populations qui n'en continuèrent pas moins leurs pieux pèlerinages, l'abbaye languit pendant deux siècles, jusqu'à ce qu'enfin, en **1760**, Louis XV crut devoir, malgré les humbles suppliques des religieux, la réunir au chapitre noble de Brioude [58].

Plus tard, les philosophes de **1793** ne lui épargnèrent ni leurs fureurs impies, ni leurs vengeances sacriléges, et ils en firent, au temps de *liberté*, la *prison des suspects*. L'abbaye, vendue nationalement comme appartenant à une corporation religieuse et ecclésiastique, fut achetée par lambeaux. Un adjudicataire eut le porche, un autre la nef, un autre le sanctuaire et les cloîtres [59]. C'était le moyen le plus sûr d'en assurer la ruine totale, car sans cela quel homme eût osé entreprendre *seul* l'œuvre de cette immense destruction !

Néanmoins, soyons justes, les restes de l'abbaye de Charlemagne, arrachés au naufrage qui engloutit la couronne du monarque, reparurent majestueux encore après la tempête [60] ; pourquoi faut-il que le vandalisme de nos jours, plus barbare que celui de la *terreur*, ait achevé l'œuvre de l'impiété, et profané les cendres des nobles hommes qui avaient cru trouver une paix assurée sous les saintes voûtes du vieux temple [61] ?

Après avoir traité la question historique de l'abbaye de Charroux, il est essentiel de s'occuper d'une autre non moins importante à vos yeux, puisque c'est sur elle surtout que doivent spécialement porter les recherches de notre Société : je veux parler de la question architectonique, à laquelle je regrette bien sincèrement, je l'avoue, de ne pouvoir donner tous les développements qu'elle comporterait et que mon inexpérience me défend.

Je ne m'arrêterai point à l'ensemble de l'abbaye, ni aux bâtiments claustraux ; rien, si ce n'est leur étendue, ne les recommande à la curiosité de l'antiquaire. Mais il n'en est pas ainsi de l'église, dont la forme extraordinaire et la construction remarquable exigent au contraire de grands détails pour être bien comprises.

Cette église se composait (voir la planche ı), d'un parvis A de vingt et un pieds de profondeur, d'un porche B de quinze pieds, suivi d'une nef C de cent cinquante-quatre pieds de longueur, formant ensemble un rectangle D de cent quatre-vingt-dix pieds de long, sur quatre-vingt-un pieds de large (épaisseur des murs comprise.) Ce rectangle était terminé par un chœur circulaire E de cent trente-quatre pieds de profondeur, décoré de cinq cha-pelles en demi-cercle F, ayant chacune, excepté celle du milieu qui était plus grande, environ quatorze pieds de profondeur, sur dix-huit pieds de largeur à l'entrée.

Au fond du chœur, derrière la chapelle du milieu, s'é-tendait, partagée par l'axe de l'édifice, une prolongation G servant de sacristie, et ayant, y compris la chapelle, cinquante pieds de long, sur trente-deux pieds de large. La longueur totale de l'édifice était donc de 62 toises 2ı6, c'est-à-dire trois cent soixante-quatorze pieds (ancienne mesure), longueur qui lui est en effet attribuée par dom Fonteneau, lequel la mesura le 22 juillet 1758 (1).

Après avoir traversé le parvis et le porche, on descen-dait par douze marches H (2) dans la nef, qui était divisée

---

(1) Recueil de dom Fonteneau, vol. CH, n° 55.

(2) Monuments d'antiquités du Haut-Poitou, 1re livraison, p. 6.

par seize colonnes de formes et de diamètres divers en trois nefs distinctes I. Celle du milieu J avait vingt-huit pieds de large, et celles des côtés K seize pieds. Les voûtes étaient en plein cintre.

De la nef, on montait par cinq ou six marches L (1) dans le chœur, qui était aussi divisé en trois nefs M par un premier rang de vingt-deux colonnes et par un second rang de quatorze.

Au centre du chœur se trouvaient huit faisceaux de quatre colonnes N , ayant cinq pieds de diamètre environ , inégalement plantés sur une base octogone, et soutenant une tour aussi octogone dont la voûte s'élevait à environ soixante pieds au-dessus. Ces huit faisceaux formaient le sanctuaire , qui avait vingt-quatre pieds de diamètre intérieur.

En face des nefs et sur cinq côtés du sanctuaire , s'étendait un escalier de dix ou douze marches circulaires qui conduisait au grand autel O (2), renfermé par des balustrades en fer scellées dans les piliers. Cet autel , appelé autel St-Maurice , était (selon dom Beaunier) le même que le pape Urbain II avait consacré naguère. La pierre supérieure, d'environ sept pieds de long sur cinq ou six de large , était posée sur quatre grandes pierres qui formaient le coffre. Celle de derrière était ouverte afin qu'on pût entrer dans l'autel et y serrer les saintes reliques. Ce précieux monument fut brisé au commencement du xviiie siècle , par la simplicité d'un prieur qui prit ces pierres pour servir de pavé à l'église, où le savant dom Beau-

(1) Dom Beaunier. — Thibaudeau , Histoire du Poitou , tom. 1 , p. 248.

(2) *Idem.*

nier, à qui j'emprunte ces détails , les voyait encore en 1726 (1).

Sous l'autel St-Maurice et dans toute la largeur du sanctuaire, se trouvait creusée une crypte , dans laquelle on pénétrait par deux entrées R , pratiquées sur deux des côtés. C'est dans cette crypte que s'élevait l'autel des miracles. Cet autel , autour duquel on pouvait circuler , était environné de six piliers d'une délicatesse remarquable , qui soutenaient la voûte de la crypte, les escaliers du sanctuaire et l'autel St-Maurice. A côté et près de l'entrée de droite R , coulait la fontaine dite *de St-Sauveur* , célèbre par les nombreux miracles qu'elle opérait naguère , et par la vénération des fidèles qui venaient chercher dans son onde pure la guérison de leurs maux [62].

Le chœur, dont l'aspect majestueux imprimait le recueillement , était surmonté de trois voûtes de différents étages supportées par le premier et le second rang de piliers et par les murs d'enceinte. Les cinq chapelles étaient ornées d'autels , et celle du milieu était spécialement consacrée aux chanoines de l'abbaye qui y avaient leurs stalles.

Chaque partie de l'église avait son entrée particulière. On pénétrait dans le chœur , du côté de la ville , par deux portes fort larges S. Du côté des cloîtres les ouvertures étaient plus nombreuses, pour la commodité des religieux. Je n'ai mentionné que la plus grande T qui existe encore, et qui est d'une architecture plus moderne que l'édifice et bien conservée.

Le parvis avait cinq portes, trois de face U et deux latérales V ; elles étaient soutenues par de fort piliers X. Les

____

(1) Dom Beaunier. — Thibaudeau, Histoire du Poitou, tom. 1 , p. 248.

voûtes d'arêtes de ce parvis portaient sur les trois ouvertures du porche et sur les piliers dont deux étaient garnis de mâchecoulis. Elles étaient chargées d'une plate-forme en grosses pierres carrées revêtues de plomb afin que l'eau ne pût les détériorer, et entourées d'une balustrade gothique (1).

C'était sous ce parvis que se trouvaient les orgues (2), et les statues colossales de Charlemagne et de Roger. Ces statues, placées sous un dais de riche sculpture, reposaient l'une et l'autre sur un piédestal Y orné d'une inscription latine. La première portait ces mots : ✷ REX. JVRIS. LATOR. KAROLVS. PROBITATIS. AMATOR. HVIVS. FVNDATOR. TEMPLI. FUIT. ET. DOMINATOR. La seconde portait ceux-ci : ✷ ROTGERIVS. COMES. ET. PRINCEPS. AQVITANORVM. PERFECIT. HOC. TEMPLVM. INPerANTE. REGE. FRANCORVM.

Le porche se composait de trois arcades majestueuses. (Voir les planches II et III.) L'architecture des deux arcades latérales offrait moins de grandiose que celle du milieu, mais elle était plus svelte et plus délicate. Les archivoltes (planche II, fig. 1 et 2) étaient semées de feuilles variées qui se détachaient avec grâce du fond de pierre sur lequel elles serpentaient mollement, et chaque cercle de la voûte était orné de crochets terminés par des fleurons de formes diverses découpés avec une exquise élégance. (Planche II, fig. 3 et 4.)

L'arcade du milieu, plus élevée que celles des côtés, brillait par la richesse et la beauté des ornements. L'ar-

____

(1) Enquête juridique de 1506. — Recueil de dom Fonteneau, vol. CH, n° 4.

(2) *Idem.*

chivolte offrait aux regards un courant de roses en relief qui semblait une guirlande légère suspendue au cercle ogival par l'extrémité de ses jolies feuilles recourbées. (Planche II, fig. 5.)

La première bande qui suivait l'archivolte était d'un style tout différent. Elle était ornée de statues assises, représentant quatorze comtes drapés de leurs manteaux et tenant une espèce de sceptre en main.

La deuxième bande représentait quatorze abbés en habits pontificaux. Chaque statue était en relief, d'une seule pierre d'environ deux pieds et demi, scellée avec les autres par des barres de fer et par un ciment très-dur. L'execution de ces statues était telle, qu'elles mériteraient toutes d'être dessinées.

Après la seconde bande, le porche allait en diminuant, et les cercles de la voûte étaient chargés d'anges ayant des encensoirs et des calices, d'hommes et de femmes tendant les bras vers l'Eternel, de saints occupés à faire des lectures. Enfin les douze apôtres décoraient la dernière bande.

Dans le tympan le sculpteur avait représenté l'Eternel sur son trône, entouré de plusieurs anges, et foulant aux pieds l'esprit du mal sous la forme d'un dragon. A ses côtés deux anges embouchaient la trompette, deux à genoux adoraient le Très-Haut, un cinquième était debout, et un sixième également debout tenait à la main la croix du Fils de l'homme.

Sur le linteau de la porte, un bas-relief représentait la résurrection des morts, en sorte que l'ensemble de ce portail figurait *un Jugement dernier.*

Au-dessus du porche régnait un vaste mur percé de quatre ouvertures en demi-cercle, ou espèces de *vomitoria,* qui donnaient entrée sur la plate-forme du parvis.

En arrière de ce mur s'élevait la tour dite tour carrée à cause de sa forme (planche ix). Elle avait environ cent soixante pieds de hauteur sur vingt-six pieds de large à chaque face, et portait sur quatre piliers dont deux étaient engagés dans le massif des porches Z. (Planche i.)

A partir de la terrasse, cette tour était divisée par trois cordons en quatre parties. La première seule était ornée de grandes ouvertures à plein cintre, divisées en trois petites fenêtres par de jolies colonnes. Les trois autres parties, qui étaient d'un style uniforme, n'avaient que des ouvertures simulées à forme ogivale, et la quatrième division était surmontée d'une balustrade en pierre et d'une couverture pyramidale.

Sur chacun des côtés de la tour carrée s'élevaient deux petits clochetons qui par leur forme et leurs appareils ressemblaient parfaitement à ceux qui décorent la façade de Notre-Dame à Poitiers.

Depuis que les Protestants avaient, pendant les guerres de religion, fait écrouler les voûtes de la nef de l'église, le chœur en avait été séparé par un mur A' (planche i), et employé après quelques réparations au culte catholique. Fermée comme tous les temples et profanée au temps de la terreur, l'église s'ouvrit plus tard aux fidèles, et il dépendit de M. Vallée, alors curé, d'en assurer la conservation. Il pouvait en faire l'église paroissiale de Charroux, mais il préféra, dans un intérêt de salubrité mal entendu et par une mesquine économie, la vieille masure appelée église St-Sulpice. Or, comme les habitants de Charroux ne voulaient pas entretenir deux temples à la fois, l'église de l'abbaye fut abandonnée aux vautours qui n'attendaient que le signal pour se précipiter sur son cadavre.

Le porche, la tour carrée et les clochetons étant tombés

au pouvoir d'un boulanger qui les paya par la seule promesse d'abattre l'une des parties de la tour , il remplit
en 1820 son engagement en démolissant l'espace compris
entre le deuxième et le troisième cordon.

Plus tard, non content d'avoir masqué le porche du
milieu qui servit de remise à son *Café du Commerce*, il
fit recommencer en 1831 la destruction du monument,
qui ne lui rapportait rien, pour en vendre les pierres.

La mort l'ayant surpris au milieu de son travail, ses
enfants continuèrent l'acte de vandalisme commencé par
leur père, et telle est la rapidité avec laquelle se consomme
l'œuvre de la destruction, qu'au mois de mai dernier, je
n'ai plus retrouvé que l'emplacement du clocheton, du
porche et du pilier de gauche qui existaient encore au
mois de décembre.

A l'heure où je vous parle, Messieurs, il ne reste plus
de tant de magnificence que la première bande du porche
du milieu adossée à une mauvaise cloison en briques,
renfermant un grenier à farine. Quelques statues d'anges
et d'apôtres gisent aussi çà et là dans la boue et le fumier,
tandis que d'autres sont incrustées avec symétrie dans les
murs de nouvelle construction , pour servir d'imposte aux
écuries et aux *toits de l'auberge du Soleil-d'Or et du Café
du Commerce!*

Mais ce n'est pas assez, Messieurs , de vous avoir exposé
rapidement ce qu'était l'église de l'abbaye de Charroux ,
avant que le marteau l'eût réduite en poussière ; il faut
aussi rechercher l'époque à laquelle cette église fut construite, et déterminer cette époque d'une manière à peu
près positive : c'est, je vous l'avoue, pour moi, une tâche
bien difficile et bien au-dessus de mes forces.

Un fait assez remarquable et qui se renouvelle malheureusement trop souvent à l'égard des monuments anciens, c'est que, tandis que j'ai trouvé dans les chartes de l'abbaye de Charroux une mention scrupuleuse d'actes a peu près indifférents, je n'ai pu y découvrir rien qui monumentât ou qui indiquât l'époque précise de l'édification ou de la reconstruction dernière de l'église. Tout ce que mes recherches ont pu m'apprendre, c'est qu'elle fut bâtie sur pilotis, et que des canaux adroitement pratiqués sous terre éloignaient l'eau des fondements, et la dirigeaient, pour les usages auxquels elle était indispensable, dans l'intérieur de l'abbaye [63]. Faute de renseignements positifs, je ne saurais donc déterminer à quelle date certaine on peut fixer cette époque, et mon opinion ne pourra se fonder que sur des probabilités et sur des conjectures.

Un de nos collègues, M. Thiollet, croit qu'à l'exception du portique, on pourrait considérer l'église qui vient de disparaître comme ayant été bâtie sous le règne de Charlemagne (1); mais je pense, avec le savant M. de Caumont (2), que cette opinion ne saurait soutenir la critique. Le style du monument, les deux tours qui l'ornaient, les incendies qu'il éprouva, tout s'oppose à ce que cette opinion puisse être un instant admise.

En effet, on sait que, quoique la première tour dans laquelle on ait placé des cloches date de la deuxième moitié du viiie siècle (3), ces tours furent extrêmement rares en France jusqu'à la fin du xe, et que celles qu'on y remarque sont loin d'avoir l'élégante hardiesse et sur-

(1) Monuments d'antiquité du Haut-Poitou, 1re livraison, pages 6 et 7.

(2) Cours d'antiquités monumentales, etc., etc., 4e part., p. 163.

(3) *Id.*, page 78.

tout le caractère de celles de Charroux, qui ne formaient qu'un tout avec le corps de l'édifice.

M. Thiollet ne me semble donc pas fondé en raison. Mais si je détruis, il me faut reconstruire ; si je conteste l'opinion d'un artiste recommandable, il me faut la remplacer par une autre, sauf à courir le risque de tomber moi-même dans l'erreur. Je vais donc, puisqu'il le faut, émettre en toute humilité mon avis, et dire sur quoi je me fonde pour classer l'église de l'abbaye de Charroux parmi les monuments du style *roman tertiaire* ou de *transition*, suivant la division adoptée par M. de Caumont (1).

L'ensemble de l'édifice, la forme octogone de la tour qui dominait le sanctuaire, les ouvertures simulées de cette tour, les sculptures et les ornements, la composition du portail, le sujet traité dans le tympan et le linteau du porche du milieu, les statues qui le décoraient, les caractères des inscriptions gravées sur le piédestal des statues de Charlemagne et de Roger, les crochets et les fleurons des ouvertures latérales, la forme des clochetons, et la réunion de l'ogive au plein cintre qui régnait dans certaines parties [64], tout porte à fixer à la deuxième moitié du XIIe siècle l'époque à laquelle fut construite l'église de l'abbaye de Charroux. Si l'on ajoute ensuite à ces indications architectoniques des preuves historiques, telles que les ravages des Normands, la reconstruction de l'église par Geoffroy en 1017, et l'incendie qu'elle essuya en 1136, on obtiendra une presque certitude de vérité.

Je pense cependant que plusieurs parties du monument primitif, non entièrement détruit, furent conservées dans

(1) Voir le tableau en tête de l'atlas du Cours d'antiquités monumentales, 4e partie.

la réédification du XII$_e$ siècle , et que l'architecte sut profiter de tout ce que les flammes avaient épargné.

Je serais également porté à croire que la forme générale de l'église était telle qu'elle fut conçue par le premier ou du moins par les premiers architectes. Car, outre qu'il se trouve une quasi-mention de ce fait dans la réédification de 1017, qui eut lieu seulement, dit la chronique, *majori amplitudine* (1), je crois aussi tirer une preuve irrécusable de cette simple conservation, de ce que, si la forme spéciale de l'église de Charroux n'eût été adoptée qu'à la suite du retour de la première croisade, ainsi que le dit M. de Caumont (2), cette forme se fût plus souvent reproduite sur le sol français.

En effet, les architectes qui seraient allés puiser des inspirations dans la Terre-Sainte, rapportant d'Asie des impressions artistiques provenant des mêmes sources et par conséquent *uniformes*, n'eussent pas manqué de matérialiser *uniformément*, si je puis m'exprimer ainsi, ces impressions dans les monuments d'alors. Ils eussent généralement copié le Saint-Sépulcre, type primitif, avec cet accord et cette unanimité qu'ils mirent à adopter le genre ogival, et dès lors la France devrait être enrichie d'un grand nombre d'églises dans le genre de celle de l'abbaye de Charroux, tandis qu'elle est réellement une assez rare exception.

D'ailleurs, n'est-il pas permis de croire que cette forme lui fut donnée dès le principe, alors que Charlemagne venait de recevoir d'Aaron les clefs des saints lieux et le titre de gardien du St-Sépulcre, alors qu'une médaille re-

(1) Voir la note 42.

(2) Cours d'antiquités monumentales, etc., etc., 4e part., page **163**

présentant ce vénérable monument venait d'être frappée en l'honneur du titre conféré au monarque français (1), alors surtout que Charlemagne plaçait le morceau de la vraie Croix qu'il avait reçu du patriarche de Jérusalem dans sa nouvelle abbaye (2), et qu'il mettait cette abbaye sous l'invocation du Saint Sauveur (3).

Ainsi s'expliquerait la forme exceptionnelle de cette église, puisqu'elle ne serait plus que le résultat d'un fait isolé, exceptionnel, tout particulier au fondateur et aux circonstances qui auraient accompagné la fondation.

Quoi qu'il en soit de cette conjecture, quel que soit l'architecte auquel l'église de l'abbaye de Charroux doive sa construction, il est certain qu'il ne suivit point les routes battues, et qu'il sut créer un monument remarquable et original. Pourquoi faut-il que le feu des Huguenots, les fureurs de 1793 et le vandalisme de la bande noire aient réduit en poussière le vieux temple du Seigneur, et qu'ils n'aient laissé que ce qu'ils *n'ont pu détruire?*

Ce précieux débris sauvé du naufrage est la tour svelte et élancée qui formait autrefois le sanctuaire (planche iv); le brillant autel qu'elle renfermait n'existe plus, la crypte a été comblée par des décombres, la fontaine est devenue un puits de treize pieds de profondeur, mais les huit côtés de la tour sont encore supportés par huit faisceaux de quatre colonnes d'élégante structure et d'environ quarante-cinq pieds de hauteur, qui semblent, à cause de leur délicatesse et malgré le double étage d'arcades qui les

(1) Voir la note 23.
(2) Voir les notes 29 et 30.
(3) Voir la note 35.

unit, devoir se briser sous le poids de la tour pleine qui les surmonte.

Cette tour pleine, flanquée de huit colonnes engagées portant sur le même aplomb que les colonnes de la partie inférieure , est divisée par deux genres d'ornements. La première division offre à l'œil une fenêtre simulée à plein cintre, la seconde deux fenêtres également simulées et à plein cintre reposant sur un pilastre commun. L'une de ces fenêtres est percée d'une petite ouverture par laquelle on pénétrait sur la voûte qui forme le dôme intérieur au dessous duquel se trouvait l'autel *St-Maurice*.

La tour pleine est surmontée d'un attique en ruines qui servait de base à la couverture pyramidale de l'édifice , et était également orné, sur chaque face, d'une petite ouverture simulée à plein cintre.

Rien n'approche de l'effet pittoresque de ce monument, unique en France, et qui s'élève immobile sur le champ actuel de foire, au milieu des débris du chœur et de la nef, ruines vénérables que la main de l'homme n'a pas craint de faire.

Les colonnes, aux chapiteaux riches et sévères (planche II , fig. 6), renfermées jadis dans l'enceinte de l'église dont elles formaient le sanctuaire , sont parfaitement conservées, et contrastent d'une manière singulière avec la tour pleine qu'elles supportent. Ce massif noirci par les hivers, dégradé par le temps, fait ressortir la blancheur des piliers et les couleurs de quelques plaques de fresques qui brillent encore çà et là sur le fût des colonnes.

La base de l'édifice est protégée par un mur d'inégale hauteur dans lequel les colonnes sont engagées, et une petite barrière en bois vermoulu défend ce qui fut naguère le sanctuaire du Très-Haut, ce qui sera bientôt un cloaque infect. Et cependant, pour conserver à ce monument quelque chose de sa primitive et sainte destination, on a élevé un petit autel adossé au mur du côté de la nef, et surmonté d'un mauvais tableau peint sur bois, représentant le Sauveur étendu mort. Quelques petites statues de l'ancien porche ont aussi été grotesquement incrustées dans le mur.

A côté du puits, autrefois fontaine, de St-Sauveur gît la pierre sur laquelle était représenté l'Eternel, et qui formait naguère le milieu du tympan du porche principal ; cette pierre a six pieds et demi de longueur.

Eh bien ! cette tour pittoresque, que tous les efforts des habitants de Charroux devraient tendre à conserver, puisque c'est le seul reste de leur grandeur déchue, de leur puissance d'autrefois, puisque seul il rappelle un passé qui n'est plus, ce monument remarquable qui attire l'admiration des connaisseurs excite au contraire la verve destructrice de nos modernes Vandales. Ils veulent, ces hommes qui ne comprennent pas tout ce qu'il y a de touchant dans les ruines d'un vieux temple, renverser jusques aux traces de ce qu'ils appellent *les superstitions* de leurs pères.

« *Ils ont beau faire* (a dit en parlant de vos vues conservatrices un de ces esprits forts), *la tour sautera !!* » Et par une amère dérision, nous verrons peut-être avant peu crouler sous le marteau d'un ignoble manœuvre du *siècle des lumières*, l'œuvre sublime des *siècles d'ignorance et de barbarie !*

Mais non, Messieurs, j'ose le croire, vos bonnes intentions, votre zèle, vos démarches ne seront pas en pure perte, les vœux impies ne seront pas exaucés, et la Société des Antiquaires de l'Ouest pourra bientôt prouver son utile spécialité en inscrivant au nombre des services rendus à la science archéologique la conservation d'un des monuments les plus curieux de notre province. Dieu veuille néanmoins que je ne sois pas trompé dans ce doux espoir [65] !

NOTES SUPPLÉMENTAIRES

ET PIÈCES JUSTIFICATIVES (1).

¹ Au moyen-âge, Charroux fut une ville très-importante. Les comtes de la Marche y battirent monnaie de trois espèces jusqu'au règne de Philippe-le-Bel inclusivement. (La rue où étaient construits les ateliers monétaires porta long-temps le nom de rue de la Batterie.) La ville de Charroux avait même des usages et des coutumes particuliers, ainsi qu'il résulte d'une charte en langue romane corrompue, en date de 1247, par laquelle Hugues de Lusignan confirma les us et coutumes de Charroux, établis par Audebert, comte de la Marche, et ses *prédécesseurs*, de concert avec l'abbé et les bourgeois. Ces coutumes consacrées par le temps avaient été confirmées par les rois anglais Henri II et Richard-Cœur-de-Lion (2). A une certaine époque, Charroux

(1) Afin de faciliter la vérification des textes sur lesquels je m'appuie, voici quelles sont les éditions que j'ai consultées :

Besly, in-fol., Paris, Robert Bertaud, 1647.

Gallia christiana, in-fol., Paris, J.-B. Coignard, 1715. — Ex typ. reg. 1720.

Nova Bibliotheca mss. librorum, in-fol., Paris, Cramoisy, 1657.

Annales ordinis Sancti Benedicti, in-fol., Lutet., Paris, C. Robustel, 1703.

Sacrosancta Concilia Ph. Labbei et Gab. Cossartii, in-fol., Lutet., Paris, impensis societ. typog. libr.'ecclesiastic. jussu regis constitutæ, 1671.

Rerum gallicarum Scriptores, in-fol., Paris, 1738.

Annales ecclesiastici Francorum, auctore Carolo Lecointe, in-fol., Paris, ex typ. reg., 1665.

Mézerai, Hist. de France, in-fol., Paris, Mathieu Guillemot, 1643.

Art de vérifier les dates, in-fol., Paris, G. Desprez, 1770.

(2) MM. de la Fontenelle et Cardin s'occupent en ce moment de la traduction de cette charte curieuse, qui sera revue par M. Raynouard, membre de l'Institut.

renfermait dans son enceinte huit églises, savoir : celles de St-Sauveur, de St-Ambroise, de St-Michel, de St-Sulpice, de St-Pierre, de St-Blaise, de St-Antoine et de St-Laurent. La première était celle de l'abbaye ; la seconde avait un chapitre de chanoines réguliers sous un prieur de l'ordre des Augustins ; la troisième était alors l'église paroissiale qui fut brûlée pendant les guerres civiles, et dans laquelle on ne célébra plus la messe depuis, excepté au jour de la fête de St-Michel.

Certes, on ne se douterait guère, en voyant la ville de Charroux au XIXe siècle, de ce qu'elle fut naguère.

Voir, pour les détails ci-dessus, le Recueil de dom Fonteneau (Mss. Robert du Dorat), vol. 29, pag. 121.

[2] Je dis *presque*, car ce recueil, quoique renfermant une grande quantité de chartes relatives à l'abbaye de Charroux, ne les contient cependant pas toutes. Plusieurs y manquent, et j'aurai le soin de les signaler. Il n'est pas à supposer d'ailleurs que les titres d'une aussi puissante abbaye ne soient pas plus nombreux. Ces lacunes s'expliquent au reste par les fréquents incendies dont elle fut victime, et par les derniers ravages qu'elle eut à essuyer.

[3] Quod Carrofulum ob honorem Caroli nuncupatum. (Annales ordinis Benedicti, s. 3, part. 2.)

[4] Imperator de loci nomine cogitare cœpit, tandemque consilio suorum Karrofum vocitari decrevit. (Besly, Hist. des comtes de Poitou, pag. 160.) Voir les notes 33 et 34.

[5] C'est là (à Charroux) qu'était le reliquaire de la Sainte-Vertu qui, dit-on, contenait un morceau de chair rouge et encore sanglant du corps de J.-C. C'est du nom de cette relique, appelée *Caro rubra*, qu'on a fait celui de Charroux. (Tristan le Voyageur, ou la France au 14e siècle, tom. 1, pag. 302, par M. de Marchangy.)—Caro filii. — Recueil de dom Fonteneau (Mss. Robert du Dorat), vol. 29, pag. 137.

[6] Locus autem antiquo sermone Gallorum Carrofus vocitabatur, propter carrorum confinia, id est vehiculorum publicorum. (Nova Bibliotheca mss. librorum, tom. 2, pag. 172.)

[7] Brid'Oison :—Su...ur tout ce que je vois, M. le comte..., ma...a foi, pour moi, je...e ne sais que vous dire, voilà ma fa...açon de penser. (Mariage de Figaro, acte v, sc. 22.)

[8] Iste rex magnus (Carolus) ædificare fecit cœnobium Carrofum et cœpit anno ab Incarn. Dom. DCCLXIX et *Rotgerius comes* cum eo in

honore Sti-Salvatoris. (Nova Bibliotheca mss. libr. , tom. 2 , pag. 194 et 195.)

9 Verùm errasse chronicon malleacensem seu potius ipsius excriptorem opinor ; nec enim nisi devictis Saracenis et præfectibus urbium Aquitaniæ ac comitibus institutis karrofensi initium cœnobio dedit (Carolus), at id elapso anno 69 imo et 70 contigisse facilè crediderim. (Recueil de dom Fonteneau, vol. CH , nº 55 , Mss. de dom Etiennot.)

10 Apud Pictones hoc anno (785) conditum fuit nobile monasterium Carrofum nomine ad fluvium Carentonam in pago briocensi (de Briou). — (Annal. Benedict. , t. 2 , pag. 271, an. 785.)

11 Quibus hæc gesta sint , scire non possumus , loci dedicationem decimo octavo kal. jul. , hoc anno post Christum natum septingentesimo undenonagesimo consignandam putamus... (Annales ecclesiastici Francorum , auctore Carolo Lecointe, tom. 6 , pag. 437.)

12 Ejus (monasterii carrofensis) auctores fuère Rotgerius *comes* et Eufrasia ejus conjux (Annal. Benedict., tom. 2 , pag. 271). L'auteur de l'Abrégé de l'histoire de l'ordre de St-Benoît partage aussi cette opinion, tom. 2 , pag. 253 et 397.

13 Ludovicus Pius omnibus piis in constructione novorum seu in restauratione veterum cœnobiorum sese cooperatorem attribuit; ipse, inter multa quæ vel *extruxit* vel RESTAURAVIT , etiam karrofense cœnobium ædificasse legitur (ex lib. 2 Vit. Sti Genulphi , cap. v). — Multa , ut dictum est, ab eo sunt in (Aquitaniâ) ejus ditione REPARATA imo *ædificata* monasteria ; sed precipuè hæc : monasterium Sti Filiberti , etc... monasterium karrofium , etc. , etc..... (Ex Vitâ et reb. gest. Ludovici Pii Aquitan. regis et imperatoris. Recueil de dom Fonteneau , vol. CH , nº 55 , Mss. de dom Etiennot, part. 2ᵉ , fº 469.)

14 Voir la note 8. Igitur prædictus Carrolus , QUI PER MANUS NOSTRAS ædificandum præcepit. (Testament de Roger, Annal. Benedict., tom. 2 in append. , pag. 712, 2ᵉ colonne , ligne 41ᵉ.)

✳ Rex juris lator Carolus probitatis amator hujus *fundator* templi fuit et *dominator*... ✳ Rotgerius *comes* et princeps Aquitanorum *perfecit* hoc templum *imperante* rege Francorum. (Ces deux inscriptions que j'ai relevées ont été transportées à Poitiers.)

Il (Charlemagne) fonda une infinité d'églises, entre autres St-Jacques de l'Hôpital à Paris , etc. , etc. , et Charroux en Poitou. (Mézerai, Hist. de France , t. 1 , pag. 204.)

Lesdits habitants et officiers de justice nous ont dit et affirmé avoir par diverses fois *lu* et *entendu lire* dans ledit grand livre de la fondation de l'abbaye, comme quoi incontinent que ledit *comte* Rogier eut achevé de faire construire ladite abbaye, il se serait retiré par-devers ledit roi et empereur à Aix en Allemagne, pour se décharger envers lui des *commandements* qu'il lui avait faits de *bâtir* et de *doter* ladite abbaye. (Enquête juridique de 1567, Recueil de dom Fonteneau, vol. CH, n° 4.) Voir aussi la note 36.

[15] Ibidem monachos duodecim instituunt quibus *prædia et varias possessiones* assignant. (Annal. Benedict., tom. 2, pag. 271.)

[16] Voir les notes 8, 12, 14, 36. Rogerius *comes* (diplôme de Charlemagne, Besly, Hist. des comtes de Poitou, pag. 155).

[17] Charlemagne, après son expédition d'Espagne, nomma en 778 des comtes en différentes provinces d'Aquitaine pour les gouverner, c'est à-dire pour veiller sur les séditions et les révoltes qui pourraient s'y élever. (Art de vérifier les dates, pag. 710.) Il y avait danger que les Gascons et les Sarrasins, enhardis de cet avantage, ne descendissent en Aquitaine. Il (Charlemagne) y pourvut en établissant de bons gouverneurs, comtes, abbés, c'était une espèce de seigneurs et vasses : Humbert à Bourges, Abbon à Poitiers, Itier en Auvergne, *Roger à Limoges*, etc., etc. (Mézerai, tom. 1er, pag. 175.)—Et constituit (Carolus Magnus) sibi duces per partes Aquitaniæ regionis, ex quibus præposuit unum *lemovicensi* urbi dominum *Rotgerium*. (Besly, Hist. des comtes de Poitou, pag. 155.)—Karolus ex Hispaniâ *devictis Sarracenis* rediens, ad Galliæ suæ custodiam, urbibus Aquitaniæ comites præfecit. Tunc ergò lemovicæ urbi Rotherium *comitem* constituit qui cœnobii carrofensis fundator existit. (F X. lib. 2 Vitæ Sti Genulphi, Mss. de dom Étiennot, part. 2, fol. 458. Recueil de dom Fonteneau, vol. CH, n° 55. — Théodulphe, livre 3 de ses Poésies.)

[18] Primariæ conditi cœnobii tabulæ datæ sunt sub die XIV kalendas julias, anno quinto Ludovici Aquitanorum regis, sub Carolo patre, Bertrando Pictavorum episcopo. In his litteris testantur conditores, se compellente amore cœlestis patriæ, monasterium ædificasse in loco nuncupato Carrofo intra terminum briocensem, propè fluvium Carentonæ, cum ecclesiâ in honorem Sancti Salvatoris, sanctissimæque ipsius genitricis et sanctorum martyrum, ibidemque monachos duodecim insti-

tuisse, sub d° abbate, quibus prædia et varias possessiones assignant. (Annal. Benedict., tom. 2, pag. 171.)

[19] Il y a deux époques à observer dans les chartes de Louis-le-Débonnaire ; la première commence de son règne d'Aquitaine, qui se prend au jour de son sacre à Rome par le pape Adrien Ier, 15 avril 781. (Art de vérifier les dates, pag. 708.)

[20] In nomine Sancti Salvatoris sub die XIIII kalend. junii, regni nostri Caroli regis *sub anno quinto*, regnante filio suo domino nostro Lodoico, rege Aquitanorum. (Annal. Benedict., tom. 2, in append., pag. 710.)

[21] Quant au règne de Charlemagne en France, pour lever quelques difficultés qui se rencontrent dans les chartes, on peut lui donner trois et même quatre commencements : le premier au 24 septembre 768, jour de la mort de Pepin ; le deuxième au 9 octobre de la même année, jour de son sacre à Noyon ; le troisième au 4 décembre 771, lorsqu'il commence à régner seul, par la mort de Carloman. M. Schannat prouve par les actes de la dédicace de Lauresheim que le commencement de ce règne se prend aussi de l'an 772. (Art de vérifier les dates, pag. 537.)

[22] En 778, Louis, fils de Charlemagne, est fait en naissant roi d'Aquitaine par son père. (Art de vérifier les dates, pag. 708.)

[23] J'ai trouvé dans un passage de Mézerai l'explication d'une erreur si difficile à concevoir : « Et auprès du corps (de Charlemagne) estoient son sceptre, son escu d'or, la haire qu'il soûloit secrètement porter, et sa pannetière de pélerin, dont il s'estoit servy aux voyages de Rome, et qui a *donné occasion de croire* qu'il avoit esté à St-Jacques en Galice et en Jérusalem. » (Mézerai, Histoire de France, tom. 1, p. 202.) Peut-être aussi le titre de gardien du St-Sépulcre qui fut envoyé à Charlemagne par Aaron, roi de Perse, avec les clefs des saints lieux, et la médaille frappée au type qui semble se rapporter à cet événement, ont-ils aussi causé et accrédité la fable des chroniqueurs. (CAROLVS. IMP. OCCID. SEPVLC. CHRISTI. CVSTOS. PP. F. A. — PIET. R. FRANC.)

[24] Ce Saint-Vœu n'était autre chose que le prépuce de Jésus-Christ. Il faut lire tous les curieux détails à ce sujet dans Besly (pag. 150, 159 et 160). Ils sont extraits des cartulaires mêmes de l'abbaye, et l'historien les raconte avec une naïveté qui prouve que l'ardeur d'une foi vive et brûlante ne permettait pas aux bons chroniqueurs des vieux temps de révoquer en doute des fables qui leur étaient transmises

comme des miracles, et devant lesquelles ils devaient dès lors s'humi-
lier sans examen. J'ai cru devoir les supprimer dans cette notice, ainsi
que le récit de la famine qui ravagea la ville d'Angoulême, lorsque
le comte Alduin voulut retenir dans ses murs le bois de la sainte Croix
que les religieux de Charroux avaient confié à sa garde, pendant l'invasion des Normands. Cette famine fut si affreuse, disent les chroniqueurs, que les hommes se dévoraient entre eux (ut homines invicem
sese devorarent), et elle ne cessa que lorsque Alduin eut restitué le
bois sacré à l'abbaye de Charroux. (Gall. Christiana, tom. 2, pag.
1279.)

²⁵ Je me rappelle avoir lu dans un parchemin poudreux une dissertation d'environ cinq pages in-fᵒ, tendant à prouver que l'abbaye de
Charroux ne pouvait prétendre à la possession du vrai prépuce de Jésus-
Christ, attendu, y était-il dit entre mille arguments plus curieux les
uns que les autres, que Jésus-Christ avait dû en ressuscitant réunir à
lui toutes les parties de son corps. L'auteur de ce manuscrit était, sans
doute, un *esprit fort* de l'époque, ou tout au moins un membre d'une
abbaye rivale et jalouse, ou d'une église tendant à secouer le joug de
la métropole. — Il existe dans le Recueil de dom Fonteneau, vol. 29,
page 135, Mss. de Robert du Dorat, une dissertation aussi fort curieuse à consulter.

²⁶ On la montrait enchâssée dans un précieux reliquaire, et on la
faisait baiser surtout aux femmes enceintes pour leur procurer un ac-
couchement facile. L'ostension de cette relique se faisait avec pompe
tous les sept ans, et les papes avaient accordé des indulgences aux jours
de cette cérémonie. (Voir les bulles de Clément VII, 15 avril 1379,
et d'Alexandre V, 30 janvier 1409 ou 1410. Mss. de dom Fonteneau,
vol. CH., nᵒ 4.)

²⁷ (Mss. dom Fonteneau, *ibid.*) On trouve, parmi les dons mention-
nés dans les chartes, une grande quantité de donations faites à l'abbaye en l'honneur de la Sainte-Vertu, et provoquées par cette relique.
A une certaine époque, les principaux seigneurs du Poitou, de la
Marche, de la Saintonge et de l'Angoumois, ainsi que les seigneurs
de Pons, de Rochemeaux, de Rochechouard, d'Escars, de la Roche-
foucault, de Pierre-Buffière et autres, devaient faire garder en armes,
pendant la nuit de Noël, les portes et les murailles de la ville de
Charroux, tandis que l'on montrait la Sainte-Vertu et les autres reliques

au peuple. (Recueil de dom Fonteneau, Mss. Robert Dorat, vol. 29 , page 127.)

[28] Voyez la note 15. — Secundùm regulam Sancti Benedicti...... (Dipl. de Louis-le-Débonnaire. Besly , Comtes de Poitou , page 165) constituit etiam ibidem 12 monachos qui omnipotenti Domino assiduè deservirent , proque regis et suâ suorumque salute apud ipsum intervenirent. (Besly , *ibid.* , page 165.... Voir les notes 21 et 25.)

[29] Interim verò patriarcha hierosolymitanus nomine Thomas per Gregorium abbatem de Monte-Oliveti et Felicem monachum benedictionem domno (Carolo magno) misit et reliquias sic annotatas... de ligno sanctæ Crucis portiunculæ XII... (Besly , Comtes de Poitou , page 151.)

[30] Quod domnus Carolus ità ditandum accepit locum , cui dedit lignum dominicum quod vocatur *Bellator* cum multorum sanctorum reliquiis. Dedit verò suprà dicto loco tres cruces aureas et 2 calices aureos , et 7 thuribula aurea , et 5 tabulas aureas, et candelabra 4 ex auro , et librum scriptum ex auro optimo... (Besly , *ibid.* , p. 156.) — Rex decrevit honorare muneribus deditque cum multorum reliquiis sanctorum filacterium quoddam dominicæ crucis particulâ insignitum , quod quia eo uti in bello consueverat, *Bellatorem* vocabat. Dedit prætereà 3 cruces aureas , 2 calices aureos , 7 thuribula aurea , 5 tabulas aureas, candelabra 4 , librum aureis litteris scriptum tabulisque aureis coopertum , et omnia ad altaris ministerium pertinentia..... (*Id.* , pag. 159) — cum omnibus rebus et ornamentis ecclesiæ seu voluminibus librorum.... (Dipl. de Charlemagne , Besly , *ibid.* , page 155) — .... divinorum ac secularium librorum nihilominùs dedit (Carolus)....... (Recueil de dom Fonteneau, vol. CH , n° 55.) — Carolus magnus verò multis reliquiis et munificentissimis donis ad se ab Oriente delatis ac locupletissimâ bibliothecâ novum ditavit monasterium. (Gall. Christ. , tom. 2 , page 1278.)

[31] Voir la note 14 , § 4.... Quæ postquàm cuncta vir nobilis (Rotgerius) domini regis Karoli præsentiæ obtulit testamentum regalibus confirmandum edictis, cujus petitioni libentissimè rex annuens , statuto temporis die id fieri decrevit. Igitur anno Incarnationis dominicæ 799 , residente eodem domno Karolo Aug. Aquisgrani palatio..... Besly, Comtes de Poitou, page 151.)

[32] Ce diplôme n'existe pas dans le Recueil de dom Fonteneau

mais il est imprimé dans Besly (Comtes de Poitou), page 155.

³³ et ³⁴ Voir le texte et le contenu du diplôme ci-dessus. — Deindè prolato coràm rege prædicto possessionum testamento à comite Rotgerio , statuit rex super eum suæ auctoritatis edictum ut ipse locus quem etiam Carrofum tunc vocitari decrevit cum omnium suarum rerum integritate ac totius familiæ suæ numero ab omnium potestatum , sivè episcoporum , sivè laicorum inquietudine, et ab omni prorsùs dominatione maneret *semper immunis.* Hoc verò suæ auctoritatis præceptum, et annulo signavit suo et Leonis S. R. E. pontificis roboravit privilegio. (Besly, Comtes de Poitou, page 151.)

³⁵ His ità ordinatis , ad altaris et ecclesiæ ipsius dedicationem Leonem PP. cum plurimis episcopis dirigit , qui , venientes, altare vel locum in honore sancti Salvatoris mundi, sanctæque suæ genitricis et virginis Mariæ , et omnium sanctorum , 18 cal. jul. dedicaverunt, et ecclesiastico more cuncta ritè complectentes , ad sua redierunt. (Besly, Comtes de Poitou , pages 151-152.) Cette consécration ne peut avoir eu lieu qu'en 799, car Léon III était à Rome le 25 avril 799; il vint demander secours contre ses ennemis à Charlemagne à Aix-la-Chapelle , resta quelque temps en France , et rentra en triomphe à Rome, le 30 novembre 799. Ce fut donc dans cet intervalle qu'eurent lieu la consécration et la dédicace de l'église de l'abbaye de Charroux. (Voir la preuve de ces faits dans l'Art de vérif. les dates , page 269.)

³⁶ Le Recueil de dom Fonteneau ne renferme pas cette bulle, dont j'ai découvert la mention dans Nov. Biblioth. mss. libr. , tom. 2 , pag. 757. — Privilegium Leonis III PP. Bertrando , episcopo pictavensi , et metropolitanis Aquitaniæ, et episc. ejus, totiusque Galliæ , de monasterio Carrofo quod nuper unà vobiscum dedicavimus per suggestionem Rotgeri *comitis* , *qui ex præcepto* D. Karoli Augusti cœnobium fundavit, concedit immunitatem , et exemptionem, et jus abbatis eligendi , meminit privilegii à Carolo de immunitate concessi.

³⁷ Mox verò præparantur cuncta quæ templi poscebat ædificatio. Insistitur omnimodis operi cœpto, cujus tunc orientalis pars opere lapideo tantùm fundata est, reliqua verò pro festinatione operis lignorum macerie consummata est (Besly, Comtes de Poitou, pag. 150). — Hic autem (Ludovic. Pius) toto post patrem regno potitus , illam karrofensis monasterii partem quam lignorum materia pro festinatione operis suprà diximus expletam lapidço consummavit opere... (Besly, *ibid*,

pag. 152.) — Ce fait pourrait peut-être prêter à la discussion, vu le petit nombre d'églises construites en pierre à cette époque.

38 Ce diplôme n'existe pas dans la collection de dom Fonteneau, mais il est imprimé dans Besly (Comtes de Poitou), page 164. Il se termine par ces mots : « Data 2 *id.* febr. (12 février) anno Christi propitio 2 imperii Domini nostri indict. 8, actum Aquisgrani palatio regio I. D. N. F. Amen. »

39 Anno DCCCCLXXXVIII, igne succensus est Karrofensis. (Nova Biblioth. mss. libr. , tom. 2, pag. 204. Chronic. Sancti Maxentii vulgò malleacense.) — His temporibus cometes velut ensis latior et longior contrà Septentrionem apparuit pluribus æstivis noctibus...... et monasteria cremata sunt plura inter quæ S. Carofum casu flammâ combustum est cum basilicâ Salvatoris. (Nova Biblioth. mss. libr., tom. 2, pag. 180. Chron. Adhemari.)

40 Concilium karrofense apud Karofum pictaviensis diœcesis monasterium ab episcopis Aquitaniæ XI celebratum kalend. juniis (22 mai) anno Christi *circiter* DCCCCLXXXIX, Joannis XV papæ anno V, Hugonis regis III, Willelmo III, Aquitanorum duce. (Sacrosancta Concilia Philippi Labbei et Gabr. Cossartii, tom. 9, page 733.)

Ce passage paraîtrait, au premier abord, contraire à mon opinion, mais il renferme des erreurs que je me permettrai de relever. Le pape cité plus haut ne peut être Jean XV, puisque Jean XVI fut élu au mois de juillet 985. (Art de vérif. les dates, p. 280.) Il est vrai que l'on peut trouver l'explication de cet anachronisme dans cette observation, que Jean XV (soit qu'il fût mort avant d'être ordonné, soit que son ordination n'eût pas été canonique) n'étant point compté parmi les papes, si ce n'est pour faire nombre, l'auteur qui rapporte le concile a pu par scrupule ne pas le compter du tout, ce qui ferait de Jean XVI Jean XV. — L'auteur désigne encore comme duc d'Aquitaine, à l'époque du concile de Charroux, Guillaume III ; ce ne peut être que Guillaume II (de Poitou), IV d'Aquitaine, puisqu'il régna de 963 à 994, c'est-à-dire 26 ans avant l'année 989, et 5 ans après cette époque. (Art. de vérif. les dates, page 714.) — Maintenant que ces difficultés sont aplanies, il ne me sera pas difficile de prouver que le concile de Charroux dont il s'agit n'a pu avoir lieu qu'en 990. D'abord l'auteur du passage ci-dessus dit que ce concile eut lieu *circiter* DCCCCLXXXIX, et puis il ajoute que ce fut la 5ᵉ année du pontificat de Jean (anno V), la 3e année du règne de Hugues (IIIe). Or, Jean XVI a été élu pape, ainsi que je l'ai dit, en juillet 985 ; Hugues a été sacré roi de France le 3 juillet 987 (Art de vérif. les dates, page 543) ; donc la 5e année du pontificat de Jean XVI et la 3e du règne de Hugues tombent juste en 990. M. l'abbé de la Borderie s'est sans doute laissé entraîner dans son opinion par ces quelques lignes qu'il a pu lire dans Nova Biblioth. mss. libr., tom. 2, pag. 764 : « *Karrofense concilium celebratum kal. julii anno* circiter *DCCCCLXXXVIII, certè antè annum DCCCCXC quo obiit Hugo episcopus engolismensis.* » Or, comme *Hugues* assistait au concile, la raison serait concluante, si l'auteur ne se fût pas trompé sur la date de la mort de l'évêque d'Angoulème, qui, au lieu d'arriver en 990, n'arriva que le 24 novembre 993, « VIII cal. decemb. DCCCCXCIII, » ou tout au moins en 992. (Gallia Christian., tom. 2, p. 989). Je suis donc en tout point autorisé à maintenir la date du 22 mai 990, qui me paraît aussi plus rationnelle, puisque l'abbé de Charroux eut alors un laps de temps plus long, et par conséquent plus suffisant pour réparer les ravages de l'incendie qu'avait éprouvé l'abbaye, de manière à y recevoir plus dignement les membres du concile.

[41] I. Anathema infractoribus ecclesiarum. — II. Anathema res pauperum diripientibus. — III. Anathema clericorum percussoribus. (Sacros. Concil. Ph. Labbei, tom. 9, pag. 733.)

[42] Goffredus I ann. 1017 indict. XV basilicam majori amplitudine reædificare cœpit, inquit Adhemarus. (Gall. Christ., tom. 2, pag. 1280.)

[43] His diebus (MXXVIII) concilium aggregavit episcoporum et abbatum dux Willelmus (IV) apud Carrofum propter extinguendas hæreses, quæ vulgò à Manichæis disseminabantur. Ibi adfuerunt omnes Aquitaniæ principes, quibus præcepit pacem firmare, et ecclesiam Dei catholicam venerari. (Nova Biblioth. mss. libr., tom. 2, pag. 184. — Sacros. Concil. Ph. Labbei, tom. 9, pag. 860.) — J'ai dû relever une erreur commise par l'historien. En effet Guillaume IV n'a pu réunir un concile en 1028, puisque Guillaume V conserva la couronne du duché d'Aquitaine depuis 994 jusqu'au 31 janvier 1030. (Art de vérif. les dates, page 714.)

44 Anno MXLVII fuit dedicatio monasterii S. Salvatoris apud Carrofum. His diebus, post Clementem papam Damasus succedit, cui Leo nonus papa succedit, qui dedicationem præcepit fieri, et altare sacratum misit, quam fecerunt archiepiscopi et episcopi numero tre-

decim. (Nova Biblioth. mss. libr. , tom. 2 , Chron. Malleac. ,
page 209.) — In kalandario S. Sergii andecavensis hæc dedicatio
notatur XVI kal. julii (16 juin) anno à Nativitate Domini MXLVIII.
(Ann. Benedict. , tom. 4, pag. 486.) — Ces deux opinions sont également
inadmissibles , puisque en effet Damase II mourut à Palestrine ,
le 8 août 1048. (Art de vérif. les dates, page 283.) Or , comment
Léon IX aurait-il pu ordonner en qualité de pape la consécration d'un
autel en 1047, et même le XVI des kal. de juillet 1048, c'est-à-dire un
an ou bien plus d'un mois *avant* la mort de son prédécesseur ? Il faut
donc dire ou que cette dédicace ne fut pas faite par l'ordre de Léon IX ,
ou bien qu'elle eut lieu plus tard , et l'historien a également tort dans
l'un ou l'autre cas.

[45] Eo anno (MLXXXII) apud Carrofum fuit consecratio cujusdam
altaris, et demonstratæ sunt pretiosæ reliquiæ ejusdem monasterii , et
concilium factum est in ipso monasterio tertio idus novembris (11 novembre). (Nova Biblioth. mss. libr. , tom. 2 , pag. 212. — Sacros.
Concil. Phil. Labbei, tom. 10, pag. 401.— Besly , Comtes de Poitou ,
page 381.) — In eo depositum fuisse (refertur) Bosonem episcopum
sanctonensem, etc. , etc. — Anno MLXXXIII..... Sanctonas extitit
concilium in quo Ramnulphus eidem ubi ordinatus est episcopus in
locum Bosonis *anno superiore* apud Carofum exauctorati..... (Chronic.
Malleac. — Sacros. Concil. Philip. Labbei , tom. 10 , pag. 402.)

[46] Anno dominicæ Incarnationis MXCV, indictione IV, XIV kal.
decembris celebrata est apud Clarum Montem Arverniæ synodus, præ-
sidente Urbano papâ , considentibus diversarum provinciarum archie-
piscopis n° XII, cum episcopis LXXX, abbatibus innumeris. (Sacros.
Concil. Philip. Labbei, tom. 10 , pag. 588. — *Id.* , pag. 506.)

[47] (Annal. Benedict. , tome 5 , page 363.) La charte qui mentionne ce fait portait ces mots : IV idus januarii (10 janvier) anno
ab Incarnatione Domini MXCVI. Une copie existait au cartulaire
de l'abbaye, écriture du xiv° siècle (Mss. de dom Fonteneau). On
avait écrit au bas : « Nota quòd dedicatio secunda à domno Ur-
» bano secundo facta fuit per trecentos viginti septem annos post de-
» dicationem primam à Leone factam. » C'était une erreur. En effet ,
il est certain que la première dédicace fut faite par Léon III, le 14
juin 799, et j'ai prouvé (note 35) qu'elle ne pouvait avoir eu lieu qu'à
cette époque. Or, si l'on ajoute 327 ans à cette date, on obtiendra

pour résultat celle de 1126 , époque à laquelle Urbain II n'était plus pape, puisqu'il mourut en 1099 (ainsi qu'il est facile de s'en assurer dans l'Art de vérif. les dates , page 287).

48 *In diœceso pictaviensi* , ecclesias de Aneis, de Pleviliâ , de Genulliaco , de Sivraco , de Lubiliaco , de Enarciaco , de Messeum , de Malesiaut , de Marciliaco , de Bellomonte , de Argentum , de Clareiâ , de Monts , de Pairizac , de Goiâ , de Chel , de Excietis , de Malo Presbytero , de Castello Garnerii , de Solmeriâ , de Brenaco , de Suirim , de Benaicis , de Loâ , de Claromonte , de Belloloco , de Camboiriâ , de Adaco , Sancti-Fremerii , Sancti-Maxentii , Sanctæ-Mariæ , Sanctæ-Sophiæ de Niorto , Sancti-Leodegarii , Sancti-Cirici , Sanctæ-Mariæ de Corrum cum ecclesiis et parrochiâ suâ , Sancti-Nicholai de Montmorlum , Sancti-Martini Arsi , Sancti-Martini de Heremo , de Tursaco , de Baciano , Terram de Podio. — *In lemovicenci episcopatu* , ecclesias de Colongiâ , de Magnaco , de Monsterio , de Cellâ , de Tellicio , de Oratorio , de Asnerias , Sanctæ-Eulaliæ , Sancti-Germani , Sancti-Vincentii , monasteria Castri Rochecoardi cum cimiterio , Sancti-Angeli cum castro et ecclesiis sibi pertinentibus , castrum de Nontron cum ecclesiis suis. — *In xanctonensi pago* , ecclesias de Gerniaco , de Marnaco , de Cadenaco , de Ribaniaco , de Claum , de Fornes , de Solumnagas , de Cressiaco , de Colums , de Aviâ , Sanctæ-Columbæ , Sanctæ-Leverinæ , Sancti-Florentii , Sancti-Bibiani. — *In petrogoricensi* (episcopatu), ecclesias Sanctæ-Columbæ , Sancti-Egidii , Sancti-Petri-Belli , de Fracto Joco, de Landas, monasterium Sancti-Petri de Sorziaco cum appendiciis suis. — *In caturcensi* (episcopatu), monasterium de Monte Pesato cum appendiciis suis, de Bonoloco , de Misericordiâ Dei. — *In agennensi* (episcopatu), ecclesias de Vitraco , de Artaudo , de Marganonâ. — *In engolismensi* (episcopatu), ecclesias de Vohertâ, Sancti-Petri de Cellafrin cum appendiciis suis, de Fontanilias , de Canurrech , de Farguncoco , de Donzenaco , de Sivrace monasterio , de Caleias. — *In burdegalensi* (archiepiscopatu), ecclesias de Stellâ , de Ribaniaco. — *In andegavensi* (episcopatu), ecclesiam Sancti-Saturnini de Cellâ cum appendiciis suis. — *In belvacensi* (episcopatu), ecclesias de Fraxineto cum altari suo, de Odonis curte. — *In remensi* (arch. episc.), ecclesiam de Villâ Dominicâ cum altari suo. — *In tarvarnensi* (diœceso), ecclesias de Burrereiâ , de Aloamniâ, de Andriâ , abbatiam quæ dicitur Ham. — *In bituricensi* (arch. episc), ecclesiam de Monterolo. — *In arvernensi*

(diœceso), ecclesias de Cadilogio , de Molangiâ , de Nobiliaco, de Cro-
sogilo , de Perusiâ , de Gadiniaco , de Plevix cum possessionibus et
pertinentiis earum , abbatiam Uciodorensem , castellum Sancti-Yvonii.
— *In nicholensi* episcopatu Angliæ, ecclesias de Stantunaco , de Curfo ,
de Scatusbeio , monasterium de Bardonaco... (Extrait de la bulle
d'Urbain II (1096), Mss. de dom Fonteneau , vol CH. , n° 4.) Il est à
remarquer qu'il n'est pas fait mention en cette charte des terres et
autres donations moins importantes faites en grand nombre à l'abbaye.

⁴⁹ En effet, on y lit..... : « Sur ce ont dit (les officiers et habitants
» entendus dans l'enquête) et affirmé avoir vu pendant tout le temps
» de leur mémoire , que par chacun an , *le quatorzième jour de juin* ,
» *fête de la dédicace de ladite abbaye* , etc. , etc. » Or , si au xvᵉ siècle
on célébrait la commémoration de la dédicace de l'abbaye *le quatorze
juin*, ce n'était donc pas la commémoration de celle qui avait été faite
par le pape Urbain II , puisqu'elle avait eu lieu le 10 janvier (note
47). Il avait donc été nécessaire qu'une restauration complète de
l'église ou une nouvelle édification *postérieure* à 1096 eût lieu , pour
que la commémoration de la dédicace fût célébrée le 14 juin et non
le 10 janvier. Une restauration complète ou une reconstruction n'ont
pu être motivées que par un incendie ou par une destruction quelconque ; rien ne s'oppose donc à ce qu'on ajoute foi aux assertions de
M. de la Borderie , qui affirme que l'abbaye fut en effet victime d'un
nouvel incendie , en 1136.

⁵⁰ Guillelmi V comitis pictav. et Aquit. ducis epistola ad. Aribertum
abbatem Sti-Savini pictaviensis. « Domno Ariberto sancto ac venerabili
abbati, Guillelmus Dei gratiâ dux Aquitaniæ, prospera cuncta. Cha-
ritatem vestram jàm secundò interpellavi , *ut mitteris ad carroficum
monasterium quosdam ex monachis vestris qui essent ferventes in obser-
vandâ regulâ Sti Benedicti , quorum sancta conversatio fratribus ipsius
loci bonum præberet exemplum et eorum abbatem fasce regiminis levaret.*
Quoniam verò petitioni meæ nondùm adquievistis , nunc quoque ter-
tiò ad ostium vestræ charitatis pulso , instar illius evangelici petitoris
amicum obnixè rogantis , ut, si non propter amicitiam, saltem propter
improbitatem meam accomodetis mihi quotquot habeo necessarios.
Obsecro igitur vos in nomine sanctæ Trinitatis quæ Deus unus est, ut
decem fratres ex collegio vestri angelici ordinis mihi transmittatis,
memores tandem illius apostolici dicti : *Alter alterius onera portate, et*

sic adimplebitis legem Christi. Valete cum omnibus vestris. » (Rerum gallic. Scriptores, tom. 10, pag. 482.) Cette lettre est de 1014, selon Mabillon (Ann. Benedict. , tom. 4, pag. 240).

⁵¹ 1186. — Concilium carrofense, præside Henrico de Soliaco, archiepiscopo bituricensi, sanctæ romanæ ecclesiæ cardinale et sedis apostolicæ legato. — Habetur hujus concilii mentio in patriarchio bituricensi , cap. LXVII. Hujus (inquit) venerandi patriarchæ non generis solùm altitudinem, sed etiam probitatem , elegantiam et sinceræ devotionis constantiam attendens dominus Urbanus, papa , tertius, primum quidem eum romanæ ecclesiæ cardinalem instituit , deindè eidem apostolicæ legationis officium commisit per totam bituricensem provinciam... (Et infrà) Sed et apud Karrofium , idem dominus Henricus provinciale concilium habiturus ibidem fuit processionaliter receptus ab archiepiscopo burdegalensi et à suffraganeis ejusdem exhibentibus ipsi omnimodam reverentiam et obedientiam sicut domino primati suo, et habuit ibidem procurationem ministratoresque ejus sua feoda receperunt. (Sacros. Conc. Ph. Labbei, tom. 10, p. 1747.)

⁵² Il (Richard) voulut que son cœur fût porté à Rouen , pour donner aux Normands un témoignage de son affection ; mais il ordonna que ses entrailles fussent envoyées en Poitou , voulant par là marquer le peu d'estime qu'il avait pour les Poitevins , dont il n'était pas satisfait. (Hist. d'Angl. , par M. Rapin de Thoyras, tome 2 , p. 289.) — Le *cerveau* et les entrailles de Richard furent enterrés, selon ses ordres, dans l'abbaye de St-Sauveur de Charroux en Poitou. (Hist. d'Angl. , par M. T. Smolett, trad. de l'anglais par M. Targe, tome 4 , page 113.) — Son cœur fut porté à Rouen , et ses entrailles en l'abbaye de Charroux en Poitou. Il n'aimait pas les Poitevins, qu'il regardait comme un peuple inconstant et mal affectionné à son service.... Ce fut la raison, disent quelques historiens , qui l'engagea à leur donner ce que son corps avait de plus vil. (Biblioth. poitevine, par Dreux-Duradier, tome 1ᵉʳ, page 293.) Je ne partage point cette opinion, et je pense que si Richard fit don de ses entrailles à l'abbaye de Charroux, ce fut au contraire par vénération et par estime pour cette abbaye, qu'il savait fort bien avoir été l'objet de la prédilection de son père ; estime qui serait assez clairement prouvée, si, comme le prétend Smolett, le roi anglais eût ordonné de joindre à ses entrailles une des plus nobles parties de son corps, son cerveau et même

son sang, au dire d'Howeden. Je pense également que si Richard eût réellement voulu manifester par cet acte de dernière volonté son peu d'affection pour les Poitevins , il eût désigné pour renfermer ses entrailles la capitale même du Poitou , plutôt que l'abbaye de Charroux , parce qu'alors ses sentiments eussent été bien plus clairement formulés. Quoi qu'il en soit, le fait en lui-même n'en est pas moins prouvé , et les vers gravés sur le tombeau du monarque , à Rouen , ne font que le confirmer encore....

> Pictavis *exta* ducis sepelis, rea terra caduci,
> Neustria tuque tegis *cor* inestimabile regis ,
> *Corpus* datur claudi sub marmore fontis ebraudi , etc. , etc.

[53] Odo règle ainsi les réparations matérielles que les religieux devront faire à l'évêque, et les paroles qu'ils devront s'adresser réciproquement :

... Quod in primo adventu nostro ad monasterium vestrum karrofense vos in saco vestro cum baculo pastorali et conventus vester similiter in frocis suis semel flexis genibus, antè magnas fores ipsius monasterii processionaliter recipietis quâ decentiâ prout pictavensibus episcopis fieri consuevit..... Et illi qui dictas portas clauserunt per idem tempus quo durabit suspensio erunt ultimi in choro cum pueris, et per idem tempus ab executione suorum officiorum sivè sint sacerdotes sivè diaconi sivè subdiaconi abstinebunt. In primo etiam adventu nostro ad monasterium vestrum portæ ipsius monasterii, *per quas fuit nobis denegatus ingressus*, semel deponentur antè magnas fores ecclesiæ et quandiù il'â vice ibidem erimus erunt *prostratæ* ibidem *ad terram*. Centum marcas argenti ponetis in manu nostrâ de quibus disponemus seu ordinabimus prout nostræ placuerit voluntati....

Hæc est ordinatio facta per dominum tusculanum episcopum super mitigandis mandatis episcopi pictavensis factis abbati et conventui karrofensi et ratione submissionis factæ ab ipso abbate pro se et conventu suo..... In cujus rei testimonium nos Odo tusculanus episcopus sigillum nostrum præsentibus fecimus apponi unà cum sigillo abbatis præfati. Datum Vitterbii die secundâ intrante mense maii , pontificatûs domini Alexandri papæ quarti anno septimo.

Le vidimus original de cette charte curieuse (du 16 décembre 1478) était conservé dans les archives de l'évêché de Luçon. Recueil de dom Fonteneau , vol. L , n° 14.

⁵⁴ Et outre ce, auroit ledit feu roi Loys XI par les mêmes lettres que dessus donné à ladite église de ladite abbaye six lampes d'argent du poids de 626 marcs, pour y demeurer et brûler à perpétuité devant le digne Vœu dudit lieu. Lesquelles six lampes furent mises et les y ont *vu* lesdits déposants. (Enquête juridique de 1567, Mss. de dom Fonteneau, vol. CH, nᵒ 4.)

⁵⁵ .... Premièrement, une lettre ès parchemin signé Cherpentier et Piciet, et scellée de deux seaux à double queue de cire verte, datée du 13 janvier 1479, contenant comme l'abbé et les religieux de Charroux nommés ès icelle, recevant, acceptant et gratifiant ce don et oblation à eux envoyé par le roi Louis XI deu nom, de six lampes d'argent pezantz six cents vingt-six marcs quatre onces d'argent fin, garnies de chesnes, chenettes, coronnes, rideaux et autres choses nécessaires pour être mises en pante devant le saint lieu de Charroux, pour y estre à toujours mis à l'honneur de Dieu et dudit saint lieu, portées et offertes par Estienne Danpy en présence de MM. Rogier, le Roy, Dambion, Mauhans, eschevins et bourgeois de ladite ville, et commis par vertu d'une lettre desdits sieurs, par les maire, bourgeois et eschevins d'icelle ville de Poitiers, auxquelles lettres est attachée la ratification des abbés et religieux estant en date du 13 janvier, signé P. Arnaudy, *et excepto domino meo abbati et conventui*, et scellé de deux seaux à double queue de cire verte, comme appert par ladite lettre cottée au dos, *Ei.*—Cette pièce se trouve dans un précieux recueil manuscrit qui existe à la bibliothèque de Poitiers, et qui est intitulé *Inventaire des titres de la ville de Poitiers* (pag. 112). Il faut croire que MM. les Conservateurs des monuments du département de la Vienne ignoraient l'existence de ces documents, puisqu'ils ont de leur pleine autorité réduit le don de Louis XI à 126 marcs. (Antiquités du Haut-Poitou, pag. 5, note 1)

⁵⁶ Ces lettres se trouvent au Recueil de dom Fonteneau, vol. R, nᵒ 24. (Mss. de Robert du Dorat.)

On y voit que Louis XI, à l'exemple de son père, *portoit continuellement avcc lui le fust de la benoîte croix*, que Charles VIII avait obtenu de l'abbaye de Charroux. C'est ce qui explique la munificence du monarque français à l'égard de cette abbaye.

⁵⁷ ... Que le malheur des guerres sur le fait de la religion ayant été si grand, que tant l'église que tous les lieux claustraux, abbatiaux et conventuels ont été par les ennemis de la religion catholique pillés,

brûlés et ruinés, partie des religieux massacrés, et les autres mis en fuite pendant 11 à 12 ans.... ils sont rassemblés pour à leur possible y rétablir et continuer le service divin dans le *peu de couvert* qui s'est pu rencontrer dans lesdites ruines ; mais ne peut leur conventualité et mense commune être remise et rétablie, n'y ayant dortoir, réfectoires, cuisines, cave, ni autres logements qui ne soient ruinés.... (21 décembre 1580, acte capitulaire de l'abbaye de Charroux pour le rétablissement de la régularité après les ruines de cette abbaye pendant les guerres de la religion. Recueil de dom Fonteneau, vol. CH., n° 4.)

[58] De Paris, le 8 novembre 1760. — S. M. informée par l'évêque d'Orléans de l'extrême modicité des revenus des chanoines comtes de Brioude, a consenti à l'union de la mense abbatiale de l'abbaye de Charroux, diocèse de Poitiers, et de plusieurs prieurés qui en dépendent, pour être les fruits et revenus unis en leur faveur. Les chanoines comtes de Brioude, pénétrés de cette grâce, se sont assemblés capitulairement, et ils ont arrêté, pour perpétuer leur respectueuse reconnaissance envers S. M., de fonder une grand'messe, qui sera dite annuellement le lendemain de la fête de St Louis, afin de demander plus particulièrement à Dieu la conservation de S. M. et de la famille royale. Ils ont aussi arrêté que le comte de Montmorillon serait député pour faire agréer de la part du chapitre à l'évêque d'Orléans des lettres de comte honoraire de Brioude, pour lui témoigner combien ils sont sensibles aux représentations qu'il a faites à S. M. en faveur de la noblesse qui compose ce corps... (Extrait de la Gazette de France du 8 novembre 1760, n° 55. — Recueil de dom Fonteneau, vol. CH., n° 55.)

[59] On trouve dans les procès-verbaux d'adjudication les noms des acquéreurs primitifs, MM. M......, D....., N.... et B......, qui ont cédé ou vendu depuis portion ou totalité de leurs adjudications. L'emplacement de l'abbaye est actuellement possédé par une dizaine de propriétaires.

[60] Après la révolution de 1793, il restait encore de l'église de l'abbaye, le sanctuaire, le chœur, les 3 nefs sauf les voûtes, les 3 ouvertures du porche et un pilier du parvis, le tout, à l'exception des nefs, propre à être conservé long-temps.

[61] Outre Richard-Cœur-de-Lion, plusieurs personnages distingués

reposaient sous les dalles de l'abbaye. C'étaient surtout Roger , comte de Limoges , Audebert Ier , comte de Périgord , et Girard , évêque de Limoges, ainsi que le prouvent les textes suivants :

1° In basilica quiescit, ut opinor , Rotgerius Lemovicensium comes qui cum Carolo Augusto imperatore ejusdem asceterii fundamenta jecit, et id quidem opinor conjicio non assero nec enim ulla suppetunt quæ affirmem ac probem veterum. (Recueil de dom Fonteneau, vol. CH., n 55.)

2[o] Il (Audebert Ier , comte de Périgord et de la Marche) fut atteint d'un coup de trait délâché de dedans (le château de Gençay) et porté mort par terre. Son corps fut enterré à St-Sauveur de Charroux. (Besly, Comtes de Poitou , page 51.)

3° Et ipse (Girardus) quia thesaurarius Sti Hilarii erat , cùm iret Pictavis ad festivitatem omnium sanctorum , ægrotans in sancto Carofo intrà dies XV obiit et ibi sepultus est. Ad caput ejus tabula plumbea posita inscripta : « Hîc requiescit Girardus episcopus Lemovicæ, obiit III » idus novembris, præfuit enim sedi VIII annis. (Nova Biblioth. mss. libr. , tom. 2, pag. 176.)

Il y a quelques années , on trouva en creusant dans une partie de l'église le corps d'un prélat enseveli avec ses habits pontificaux , dans une couche épaisse de chaux. Le corps et les vêtements étaient assez bien conservés, mais ils tombèrent en dissolution dès qu'ils furent en contact avec l'air extérieur , et les habitants s'en partagèrent les précieuses reliques. Peut-être était-ce Girard , ou bien un des abbés de l'abbaye , c'est ce que les savants du pays n'ont pu me dire.

[62] Cette fontaine était alimentée par un puits très-profond existant encore et qui était renfermé dans l'intérieur de l'église ; ce puits recevait lui-même l'eau d'une fontaine située hors de ville ; aussi, depuis que les conduits se sont bouchés, il n'y a guère d'eau dans la fontaine vénérée que lors des fortes crues.

[63] (Enquête juridique de 1506 , dom Fonteneau, vol. CH , n° 4.) L'utilité de ces canaux était réelle, car depuis que le temps et le défaut d'entretien les ont obstrués , la partie inférieure de la ville est sujette à des inondations heureusement plus fréquentes que terribles.

[64] Ce sont les traits caractéristiques auxquels on peut reconnaître (selon M. de Caumont) les monuments du xiie siècle. Voir son Cours d'antiquités monumentales , 4e partic , pag. 161 et suiv.

La comparaison que j'ai faite de plusieurs parties de l'église Notre-Dame de Poitiers avec l'église de l'abbaye de Charroux m'a aussi confirmé dans mon opinion. (On fixe généralement l'époque de la construction de Notre-Dame au xiie siècle.)

[65] La tour dont il s'agit est située dans un coin du champ de foire et entièrement isolée. Cet isolement, joint à l'impossibilité où l'on s'est trouvé jusqu'à présent d'y monter sans échafaud, faute d'escalier, a seule causé sa conservation ; mais la couverture ayant été abattue depuis assez long-temps, l'eau s'est infiltrée peu à peu dans la maçonnerie de l'attique, qui, miné par les hivers et la gelée, laisse échapper quelques petites pierres qui roulent sur le premier rebord et tombent au pied.

Cette tour fut donnée en vertu d'acte authentique passé le 30 juin 1826, devant Me Bonnin, notaire à Poitiers, par M. Henri Loyseau-Grandmaison, à la cure de la paroisse de Charroux. Une ordonnance royale en date du quatre octobre même année autorisa l'acceptation de cette donation, qui fut refusée comme trop onéreuse. Les choses sont donc dans le même état où elles se trouvaient avant la donation, et les héritiers du donateur sont encore propriétaires de la tour. Il y a toutefois pour eux cette différence qu'ils ont été depuis en butte à des tracasseries et à des récriminations continuelles, résultant de la possibilité de quelques accidents que l'administration municipale elle-même n'a pas voulu laisser prévenir par les propriétaires, puisqu'elle s'est opposée à la construction d'un mur autour du vieux monument.

On ne s'est pas borné là, on a parlé d'expropriation forcée pour agrandir de quelques pieds le champ de foire, ou mieux encore on a songé (parce que cela coûterait moins cher) à ordonner la démolition pour cause d'utilité publique.

Ces bruits alarmèrent la Société des Antiquaires de l'Ouest, et lui rappelèrent son but et les motifs qui avaient présidé à sa création.

L'un de ses membres, M. Foucart, auquel je me joignis, et qui dans une excursion archéologique avait visité peu auparavant les ruines de l'abbaye de Charroux, fit à la séance du jeudi 21 mai 1835 la proposition formelle que la Société, par l'organe de son président, s'adressât à M. le Ministre de l'instruction publique, afin d'obtenir les fonds nécessaires à la conservation de la tour octogone de Charroux. Conformément au vœu de la Société, M. le Président écrivit le 12 juin à M. le Ministre, en lui envoyant quelques notes sur le monument et un croquis que je fis à la hâte.

Je crus aussi devoir m'adresser de mon côté à M. le général Demarçay, député de la Vienne. Il me fit l'honneur de me répondre qu'il avait vivement recommandé à M. le Ministre de l'intérieur la conservation de notre monument, et que M. Vitet, ancien inspecteur des monuments historiques de France, qui a visité les ruines de Charroux, avait promis d'appuyer notre demande.

Toutes ces démarches ne pouvaient rester infructueuses, et la réponse de M. le Ministre de l'instruction publique à M. Mangon de la Lande nous donne tout lieu de croire avec une presque certitude que nos vœux se réaliseront.

Depuis, M. Mérimée, qui a succédé à M. Vitet dans les fonctions d'inspecteur général des monuments historiques de France, ayant exploré en cette qualité les restes de notre vieux monument, nous a promis en passant à Poitiers de joindre ses efforts aux nôtres et de plaider notre cause.

TOUR DE L'ÉGLISE

LES

FEMMES DE 1870

PAR

A. L. DU PREŸ

SAINT-OMER

TYP. ET LITH. J. DEVEY, RUE DES TRIBUNAUX, 4

1874

LES FEMMES DE 1870

INTRODUCTION

I

Nous l'avons dit ailleurs :

Hors la religion, point de patriotisme.

Aujourd'hui, c'est aux femmes que nous demanderons de justifier cet axiome.

— Eh quoi ! nous dira-t-on, prétendez-vous nier l'unanimité de notre élan au premier cri de la patrie en danger ?

Aux heures de crise, nous le reconnaissons, libres-penseurs comme cléricaux, hommes et femmes accourent halétants. Leur poitrine est émue ; le regard est étincelant. Au milieu des cris et des chants on échange des poignées de mains acharnées..... et après ?

Cette expansion qui s'agite dans le vide, qui s'évapore en forfanteries oiseuses, est-ce le patriotisme ?

Ce n'est que la fièvre : une fièvre qui nous brûle et accélère le battement du cœur, mais dont nous sommes vite guéris.

C'est un courant électrique qui donne à notre âme un frémissement passager. Il s'arrête dès que nous ne sommes plus sous l'influence des événements dont il se dégage.

Alors que nous reste-t-il ? Rien que la fatigue morale.

Au début de la dernière guerre, nous en fîmes la cruelle expérience. Une heure suffisait pour nous donner de folles espérances ; l'heure suivante nous rejetait dans l'affaissement.

Avouons-le donc : le patriotisme vrai est moins bavard ; il ne s'enflamme pas avec cette facilité gazeuse. Il se traduit mieux par des actes virils que par de vaillantes paroles. Il a pour éléments la résignation et le dévouement, père et mère du sacrifice.

Pour la femme, il est vrai, ce sacrifice est rarement celui de la vie. Il n'en est que plus douloureux ; car chaque heure le renouvelle : c'est le sacrifice du cœur.

S'incliner résignée et saignante devant les décrets qui lui ravissent son époux ou ses fils ; suppléer par son salaire à celui des absents ; souffrir ignorée sans qu'on la plaigne ; travailler dans l'ombre sans qu'on l'admire; et, si quelqu'un des siens lui revient blessé, avoir le courage de regarder des plaies horribles pour essayer de les fermer; telles sont les vertus que la patrie exige de la femme.

Mais, pour les accomplir, qui donc retrempera le ressort de son énergie?

La Foi !

II

L'homme qui ne croit pas puisera parfois une énergie factice dans l'émulation. Le soldat ne court pas seul à la frontière. Il subit l'entraînement de l'exemple, la contrainte de la discipline. Il est distrait par les mille incidents du chemin. Il sait que, s'il succombe, il laissera un souvenir glorieux.

Cette ivresse patriotique fait défaut à la femme.

Quand elle a conduit jusqu'au tournant du chemin le bien-aimé de son cœur;

Quand elle lui a remis le fusil qu'il lui laissait porter ;

Quand une oreille ne perçoit plus que les bruits perdus et mourants d'une troupe s'éloignant ;

Il faut bien rentrer au foyer désert et entretenir dans la solitude sa longue pensée.

Ah ! que de soucis viennent alors plisser le front sur lequel s'est posé un baiser d'adieu !

Qui donc aura la puissance de le dérider ?

La Religion !

A la femme délaissée la Religion rappelle que la résignation est la soumission aux décrets de la Providence. Elle lui inspire le dévouement qui sait dépenser sa substance et son âme. Elle attise en elle la flamme du sacrifice qui consume son être tout entier pour l'utilité des autres, car la Religion comme le patriotisme glorifie l'immolation. L'un et l'autre ne restent pas enfermés dans les lignes géométriques du devoir : ils distancent la raison et la loi.

III

Pour que le patriotisme de la femme ne soit pas exposé aux défaillances, il faut donc qu'il soit doublé des sentiments religieux.

Mais supposer ces sentiments absents du cœur d'une femme, n'est-ce point un paradoxe ?

Que des hommes reconnaissent à peine l'existence d'un principe supérieur : sanction si nécessaire des idées de justice et de vertu ;

Que d'autres aillent plus loin et se déclarent irresponsables en niant l'immortalité de leur âme ;

Cela se voit.

Mais Dieu, banni de la pensée des hommes, trouve un refuge dans le cœur des femmes. N'est-il pas toujours invité par elles à s'asseoir au foyer de la famille et à le bénir ?

Il y a trente ans, il en était ainsi. Depuis lors, le progrès a créé des exceptions. La marée des doctrines impies a monté, et l'on a vu flotter plus d'une jupe à la dérive. Voilà comment de beaux yeux, que nous aimions à voir s'élever suppliants vers le ciel, le contemplent aujourd'hui avec une molle langueur comme s'il n'était qu'un espace vide....

Toutefois, cet effacement progressif du sentiment religieux dans l'esprit des femmes a des nuances.

Les unes se sont arrêtées au seuil de l'indifférence ; suspendues comme dans un hamac qui se détacherait sur l'horizon bleu, elles se balancent entre le *oui* et le *non ;* insouciantes, elles se laissent aller au charme de la vie facile sans chercher le pourquoi des choses.

C'est le scepticisme : le mal des riches et des heureux, une impiété de bon ton.

Pour trouver la négation absolue de la Divinité, il faut descendre plus bas, jusqu'aux profondeurs des quartiers sombres.

Là, dans les taudis, où le pain n'est pas quotidien, des femmes ne possèdent même plus l'idée de Dieu ; elles le nient par instinct ; livrées à tous les supplices du dénûment, elles cherchent dans l'athéisme le symbole du progrès qui doit les délivrer.

Qui donc pourrait faire tressaillir la fibre nationale dans le cœur de pareilles femmes ? Où Dieu n'est pas, l'égoïsme règne. Or l'égoïsme est au dévouement ce que l'eau est au feu. Le cœur rempli de l'amour du moi, réserve peu de place à l'amour de la patrie.

IV

La patrie ! Est-ce que les femmes en ont une en France ? Le Code n'a-t-il pas tout fait pour étouffer jusque dans son germe l'affection qu'elles pourraient porter au pays natal ?

Le Code leur refuse une patrie qui leur soit propre.

Jusqu'au jour de ses fiançailles, la jeune fille ne sait quelle sera sa nationalité. Cette nationalité est soumise aux jeux de l'amour et du hasard, à l'*aléa* des passions romanesques ou des fascinations dangereuses, aux calculs de l'intérêt ou aux caprices de la vanité.

Sait-on, en effet, quelle sera l'influence des sensations mystérieuses qui assaillent un cœur de seize ans ?

Pour connaître la nationalité d'une femme née sur notre sol, il faut attendre qu'elle soit allée, vêtue de blanc, de la mairie à l'église. La syllabe nuptiale de fidélité à l'époux sera peut-être une abjuration de la patrie ; le sacrement redoutable rivera la chaîne qui l'attachera au rivage de nos ennemis.

Et alors, triste conséquence! elle donnera naissance à des fils qui coiffés d'un casque à pointe, viendront souiller la maison dont les échos répétèrent son premier cri et le dernier râle de sa mère, le cimetière où reposent les êtres qui l'aimaient.

Avec une loi qui règle sa nationalité, comme celle de la marchandise, par la couleur du pavillon dont elle est couverte, comment veut-on que la femme née en France aime sa mère-patrie? Comment espérer qu'elle lui gardera son cœur quand il lui est loisible de l'exporter ?

Donc si, dans nos jours mauvais de 1870, nous vîmes des femmes — et c'est le plus grand nombre — partager la passion patriotique qui nous soulevait de terre, c'est que la religion les exaltait.

Ces femmes *prient*.

Quant aux **autres** qui n'ont jamais nourri leur pensée des saines vérités de la morale et de la religion, elles ne sauraient sentir le tressaillement de la fibre nationale. Leur cœur est desséché par la convoitise ou détendu par l'abus du bien-être.

Ce sont, en effet, les jouissances que cherchent toutes ces émancipées du ciel ; riches, elles se hâtent de jouir ; pauvres, elles veulent jouir.

Celles qui n'ont eu que la peine de naître pour être heureuses et fêtées, celles qui ont trouvé, à la portée de leur main, tous les fruits de la vie, répondent aux avis du prêtre et aux leçons du moraliste par un refrain d'Offenbach. Le rire leur monte sans cesse aux lèvres ; et leur folle hilarité, qui se répand en gammes bruyantes, fait fuir le Dieu des pleurs.

Ce sont des femmes qui *rient*.

Les malheureuses, qui n'ont pas eu le doux privilége de s'asseoir dans une position toute faite, veulent conquérir leur place au soleil. Elles rêvent à la fin de leur misère en montant brusquement à l'abordage des richesses d'autrui ; elles protestent contre l'injustice de la fortune.

Elles ne *rient* pas celles-là, mais elles *crient*. Assises sur leur foyer éteint, elles claquent leurs dents de froid et de rage. Dans les jours d'émeute, elles vocifèrent et ricanent. Leurs voix ignoblement enrouées huent la vertu qui passe, outragent les choses saintes et demandent du sang !

LES FEMMES QUI RIENT

PREMIÈRE PARTIE

I

Ce titre évoque dans l'esprit de gracieuses images. Qui n'a point conservé le souvenir d'un beau visage subitement épanoui par le rire ? Les lèvres se retroussent, et, comme dans un écrin rose, découvrent ces dents brillantes que les poètes comparent aux perles ; l'œil se remplit de joyeuses étincelles et chatoie sous ses longs cils....

Pendant vingt ans, nul, en France, ne resta insensible à ce charme provocateur ; les rires répondaient aux rires ; les bons mots couraient les rues ; on les ramassait même dans les ruisseaux de l'argot.

La conversation n'était plus qu'un échange de lazzis ; on ne voyait plus que le côté drôle des choses.

Quelle émulation de trivialités ! Quel mépris systématique de la gravité ! Les esprits, détournés des occupations sérieuses, ne songeaient qu'au plaisir. C'était le règne de l'épigramme.

Mais un jour vint où ce rire cessa d'être communicatif ; il donna froid ; son effet fut manqué. On se sentit mal à l'aise devant ses cascades...

La patrie était en danger !

A nos soucis, le rire était une dissonance ; il choqua comme une plaisanterie en face d'un cercueil.

Nous venions de nous jeter dans la fatale aventure où allaient sombrer nos richesses et notre gloire, et nous savions encore rire ! Le besoin de nous divertir survivait aux apprêts du carnage. La déclaration de guerre était lue comme l'annonce d'un spectacle qui nous promettait les sensations d'un drame nouveau.

Les femmes se signalèrent dans ce fol entraînement qui nous faisait courir à la défaite sur des airs de triomphe. Nos soldats, entraînés vers l'Est par la vapeur, les trouvaient réunies dans les gares. Elles leur distribuaient sans mesure les vins d'honneur et les visitaient ensuite dans leurs campements, où elles allaient jusqu'à danser au son d'une musique militaire.

On était en juillet. A l'heure où nous allions mourir le ciel nous donnait ces beaux jours où l'on sent qu'il est doux de vivre ; avec ironie, la nature s'associait à l'allégresse nationale. Et le *reporteur* du *Moniteur,* braquant sa lunette des hauteurs de Spickeren, apercevait des « élégants de Forbach » qui observaient curieusement l'installation pittoresque de nos tentes blanches dans une plaine verte...

Trois jours après, la division du général Douay recevait une autre visite... Et, le soir, elle n'était plus qu'une cohue-couchée qui jamais ne se releva.

II

Paris est investi ; autour de son enceinte ce n'est que remblais, créneaux, bastions, fossés, arbres renversés.

Tout homme est soldat.

Et les femmes ?

Nous parlerons plus loin du dévouement de celles qui *priaient* et des excès démagogiques de celles qui *criaient*.

Pour le moment, suivons les *rieuses*.

Certes, le nombre en décroissait ; mais sur les lèvres de quelques-unes le rire persistait.

Le 27 octobre 1870 on télégraphiait de Versailles :

« Pendant la sortie du 21 octobre, qui a été si énergique de la part des Français, les remparts du Mont-Valérien étaient entièrement garnis de dames. »

Des femmes traînèrent donc leur robe sur l'herbe des parapets ; des femmes, dont les privations n'avaient point encore terni la fraîcheur, passaient en saluant d'un sourire. Leur présence charmait les yeux, mais blessait la raison ; car enfin qu'est-ce qui les attirait ainsi avant l'aurore ?

Un désir incessant d'émotions.

Ces sveltes et blondes créatures, que le souffle d'une brise renverserait, ces femmes roses ouvraient leurs grands yeux pour voir couler le sang vermeil.

Du haut de la puissante citadelle elles distinguaient ces tristes gladiateurs qui pratiquaient, à leur entière satisfaction, l'art de bien mourir. Parfois, à leur oreille attentive, une brise embaumée de salpêtre apportait les sons d'une musique : accompagnement obligé de tous les spectacles, même funèbres.

Les blessés auraient fait une riche recette si le gouverneur du Mont-Valérien eût, à leur profit, loué des places réservées !

Plus tard, quand on en vint à altérer le pain, la curiosité des Parisiennes internées jeûna comme leur estomac. Pour apaiser son avidité, elles en furent réduites à river leurs yeux aux verres grossissants des télescopes dressés au Trocadéro et au rond-point des Champs-Élysées.

« Devant l'Arc de Triomphe de l'Étoile, écrivait le correspondant de la *Pall Mall Gazette,* des dames regardent à travers des télescopes de poche si elles découvrent les Prussiens. »

Avec quelle fixité leurs regards y restaient attachés pour voir la pointe d'un casque allemand, pour discerner les traits fatigués et noircis d'un ennemi barbu et mal peigné !

III

Le cœur des femmes de Paris a un impérieux besoin de mouvement et de distraction.

Durant les deux siéges, les unes le satisfirent en participant aux œuvres charitables ; elles trouveront leur place plus loin ; car travailler, c'est prier.

Le désœuvrement fut fatal aux autres.

L'ennui, qui bourdonnait autour des meubles, les chassait de leur demeure sur l'asphalte, où leur tête ne se calmait que par l'agitation des pieds. Alors, malgré les douleurs de la patrie, leur visage s'éclairait ; un rire ébauché l'animait... Oh ! ce n'était plus le rire ; mais sa fraction : un *sous-rire*.

Faute vénielle, dira-t-on. Un sourire s'ignore souvent lui-même ; il ne quitte jamais un bienveillant visage...

Mais les circonstances étaient aggravantes.

Aucun obstacle n'arrêtait la promeneuse, pas même l'émeute qui passait en hurlant ; souple et toujours élégante, elle passait à travers ces vagues de têtes sans que la boue effleurât la fine cambrure de son pied.

Hélas ! rien ne put la retenir à son foyer, pas même le deuil de la patrie saignée aux quatre membres. Quand Paris affamé ouvrit ses portes, elle ne sut pas se retirer chez elle dans le recueillement, et le correspondant du *Times* franchissant un des premiers l'enceinte si longtemps fermée, s'étonna de voir « sur les allées latérales de l'avenue des Champs-Elysées une foule assez gaie, et des femmes aux couleurs voyantes, coquettes comme toujours. »

Pendant les saturnales et les accès de fièvre chaude de la Commune, des femmes eurent encore le courage de se promener et de coudoyer les fédérés qui passaient, la cartouchière pleine aux reins et le képi insolent sur l'oreille.

Ces bataillons étaient vraiment pittoresques, n'est-ce pas, mesdames ! On y voyait toutes les formes du haillon militaire et toutes les façons de le porter. Et puis, il fallait saisir l'occasion. Ces gens-là qui, aujourd'hui, poussaient leur tête au soleil, devaient la coucher demain sous le gazon des squares. C'eût été dommage de n'avoir point vu ces cheveux pendants, ces yeux vitreux, ces bouches béantes qui avaient autant soif de sang que de liqueurs et de vin.

Donc, le 19 mars 1871, grande fut l'affluence sur les boulevards. « Jamais la promenade n'a été plus nombreuse. En remontant vers la Bastille, la foule est plus dense encore. Des acrobates y font des tours en plein vent. On voit même des danseurs de corde comme au temps des théâtres populaires de la Restauration. » (*Opinion nationale,* 21 mars 1871.)

Et le 22 mars, la rue de Rivoli tout ensoleillée ressemblait à un champ de foire. « On y voyait un grand nombre de femmes qui avaient profité du beau

temps pour venir voir les barricades et les mitrailleu-
ses. »

Ne fallait-il pas fêter la naissance du printemps qui,
la veille, avait osé nous montrer son rose visage ?

IV

La Commune et le printemps étaient jumeaux; le
même berceau les avait reçus.

Les passions qui grondent, les monuments qui
s'écroulent ne troublent point la sérénité de la nature.
Pendant que l'humanité déchire ses lois, la nature
obéit aux lois éternelles de la Providence ; tandis que
les révolutionnaires poussent nos institutions dans
l'ornière, l'année suit son cours régulier.

Donc, le 21 mars 1871, suivant l'ordre harmonieux
du Créateur, le printemps avait succédé à l'hiver.
N'était-il pas séant de lui faire un gracieux ac-
cueil ? Un suave parfum s'élevait dans l'air ; les
oiseaux, ces heureux survivants de la chasse à laquelle
s'étaient livrés les Parisiens affamés, leur sifflaient
sans rancune des refrains si gais. Le doux et blanc
soleil de mars séchait nos larmes.

Hélas ! elles ne coulèrent même plus ces larmes
pendant ces sombres heures de la semaine sainte dont
chaque seconde nous rappelle les douleurs atroces

de l'Innocent cloué au Golgotha. Alors cependant on arrêtait l'archevêque et les prêtres...

« Tandis qu'à l'une des extrémités de Paris on s'extermine, on se divertit à l'autre. La foire aux pains d'épices a lieu comme à l'ordinaire... Le peuple afflue autour des baraques. » (*International*, 15 avril 1871.)

Et le journal anglais, auquel nous empruntons ces détails, ajoute :

« Paris a gardé aujourd'hui l'air de fête qu'il avait la veille. Le lundi de Pâques, songez donc, on s'est promené tant qu'on a pu. Le jardin du Luxembourg, la seule campagne à la portée des Parisiens pour le moment, était rempli de *dames en toilette* et de messieurs souriants.

» Le beau temps invitait à sortir. Puis, les arbres verdissaient ; l'air est doux, les fleurs diaprées de leurs mille couleurs ; enfin on se tire des coups de canon et le vent peut bien apporter l'écho d'une détonation. »

Et l'on visitait les parterres. *Pipe-en-bois* avait, cette fois, présidé à leur toilette. On voulait voir comment il avait distribué les fleurs, ces passagères merveilles, pour qu'elles luttassent d'éclat ; car c'est une science que d'en mélanger avec harmonie les couleurs et les parfums.

Enfin, le 25 avril, on lisait dans le journal *la France* :

« Hier, la population parisienne, sachant qu'il y avait danger à se promener dans certains quartiers, s'y était rendue en foule. Il y avait là... surtout des enfants, des *jeunes filles*, des *jeunes femmes*, le tout pimpant, élégant, soyeux et velouté comme aux plus beaux jours de fête. »

Oui, sous la menace d'une pluie de mitraille on se promenait, on caquetait, on riait, on émiettait les heures dont on ne savait que faire avec l'insouciance du bonheur.

Têtes légères dans lesquelles six mois de fusillades n'avaient pu faire entrer un seul grain de plomb !

V

Lorsque Paris fut menacé il ferma ses théâtres. Si l'on excepte les brocanteurs de contre-marques, nul ne protesta. C'était la clôture de ces leçons d'impudicité que les vaudevillistes donnaient au public. La morale accordait volontiers aux directeurs des plaisirs scéniques des jours de relâche pour laver les malpropretés de leurs coulisses.

Mais les Parisiennes ne tardèrent pas à avoir la nostalgie de la rampe.

La rampe, c'est leur aurore ; quand on la hausse, quand elle sort insensiblement du sous-sol, n'a-t-elle pas l'apparence de cette lueur vague qui, le matin, émerge de dessous l'horizon ?

Aux filles d'Ève, le plaisir du spectacle manquait, d'autant plus qu'il était défendu. Il fallut bien se rendre à leurs réclamations, et le 26 octobre, le Théâtre français, en plein jour, ouvrit ses portes.

Le caissier compta une recette de neuf mille francs.

Les acteurs étaient en habit de ville : en ce temps-là, c'était un déguisement.

La tunique et la vareuse étaient les seuls vêtements en usage et cachaient les petites misères de cette époque où, faute de combustible, les blanchisseuses chômaient.

Qui donc songeait à se lisser et à se brosser ? Il n'y avait dans tout Paris que des guerriers crottés et barbus à trente sous.

Ecœurées, les femmes se seraient donc précipitées dans les loges, rien que pour voir la blancheur plissée du linge d'un acteur et son habit noir élégamment coupé.

Bientôt le bombardement commença. Les krupps grondèrent. Nous entendîmes sur nos têtes le sifflement aigu des projectiles creux. Comme d'immenses fusées, ils cravachèrent l'air de la nuit. Tournoyant avec une vertigineuse rapidité, ils se rapprochèrent et se répandirent en éclats, tuant, brisant, brûlant.

Et le lendemain, quand le jour éclairait des toits troués, des lits broyés, et, sur ces lits, du sang, des chairs de femmes et d'enfants, les dames, dont les âmes étaient trop douces pour ces atrocités, fuyaient le drame de la rue en se réfugiant au Théâtre français, où elles ramassaient quelques lambeaux de comédie.

On y jouait une pièce de Scribe appropriée à la circonstance : *Bataille de dames ;* titre guerrier vraiment. Vos maris étaient au rempart, mesdames. Vous eûtes aussi votre bataille. Seulement, on n'y dépensa que de la poudre de riz. Pendant que l'on mourait là-bas, vous riiez en écoutant des pantalonnades , et votre hilarité devint tellement discordante, vos hoquets convulsifs irritèrent irritèrent à un tel point les nerfs, que M. Veuillot s'écria dans un accès de dégoût :

« Ainsi cet heureux peuple parisien réunit tout ce qu'il faut pour rendre la vie douce. A la sagesse supérieure d'en user. Il éteint le bruit du bombardement sous le chant des flûtes et sous le clapotement du rire ; car son bonheur va jusque-là qu'il est doué de la faculté de rire à l'esprit de Scribe, même pendant le pillage de la France et au bruit du bombardement. Il rit d'un certain rire à lui qui clapote…. Il s'amuse, son rire clapote comme en pleine paix… »

Peu de jours après, Paris désillusionné, n'espérant plus les secours extérieurs tant de fois promis par des dépêches menteuses, livrait ses forts à l'ennemi. C'était le cas de mettre, en signe de deuil, les scellés sur les salles du plaisir… Hélas ! l'armistice est à peine conclu, l'épée de Guillaume reste suspendue par un fil sur nos têtes, et déjà la toile de tous les théâtres se lève. Le gaz ne circule pas dans ses conduits souterrains ; qu'importe ! on se passe de sa brillante lumière ; il y a encore du pétrole, trop de pétrole ! et, au milieu de l'odeur nauséabonde qu'il exhale, les femmes viennent s'asseoir dans leurs loges d'autrefois. Vêtues, il est vrai, de robes grises ou noires, elles ne servaient plus au public même la partie la plus décente de leurs épaules, mais la joie éclairait leur front, délivré du souci immédiat de l'obus et de la faim.

VI

Le premier soin de Trochu devenu gouverneur fut d'expulser de Paris les bouches inutiles.

La police donna son coup de balai ; quelle boue elle amoncela ! Dans ce tas humain, la soie frôlait le haillon.

Ah ! oui, elles étaient bien inutiles ces bouches qui criaient, chantaient, réclamaient; nuisibles même, car elles sont dévorantes. On sait ce que leurs gencives roses consomment. Gourmandes sans appétit, les héroïnes des soupers nocturnes mordent à belles dents dans le gâteau des prodigues.

Afin de ménager les ressources alimentaires de la capitale, il était donc nécessaire qu'elles allassent ailleurs. Que devinrent-elles ?

Le 29 décembre 1870 *l'Etoile belge* annonçait :

« Bordeaux-Capoue. La galanterie de Paris y compte bon nombre de représentantes qui écrasent les dames

indigènes par leur chevelure luxuriante et la désinvol-
ture de leur toilette. »

Eh bien ! celles-là, malgré leurs coiffures ébouriffées
et leurs toilettes extravagantes, étaient les meilleures ;
elles n'avaient point perdu tout sentiment de patriotisme.

Les autres étaient passées à l'ennemi.— Leurs
amours ne sont-ils pas interlopes ?

L'ennemi parodia d'abord la vertu ; assez maître
de lui pour cacher ses passions sous une écorce
austère, il avait, à Nancy, copié le vertueux édit de
Trochu.

Mais bientôt nos farouches envahisseurs furent
adoucis par ces Dalilas. La besogne était moins difficile
qu'on ne le croit. Il y a un cœur combustible dans
cette créature opaque dont tous les organes sont
sans transparence ; de cet œil terne une flamme peut
jaillir. On peut faire un débauché de cet être guindé
et empesé qui fume et qui rêve.

Le 30 décembre 1870, *la Patrie* empruntait au
Journal du Havre les détails suivants :

Avant le siége de Paris, une centaine de femmes
auxquelles le bureau des mœurs imposait une retraite
forcée à Bicêtre, furent transférées à la maison
d'arrêt de Rouen. Maîtres de cette ville, les Prussiens
les mirent en liberté ; et ces filles banales, déjà
traînées dans toutes les hontes, se livrèrent à eux
sans combat. Pendant toute la durée de l'occupation,
elles se consacrèrent aux récréations nocturnes de
ces messieurs.

Qu'ils semblaient heureux ! Comme ils riaient volontiers auprès de ces filles de joie qui leur apportaient le plaisir débraillé des folles ivresses !

Si, du moins, elles avaient été des vampires enchanteurs pompant jusqu'à la dernière goutte de leur or et de leur sang ! si elles avaient su les dévorer dans des embrassements meurtriers, leur inoculer une passion qui flétrit et qui tue ! si elles avaient porté le feu dans leurs sens, le trouble dans leur raison !...

Que n'ont-elles fait d'eux ce qu'elles avaient fait de nous !

A Versailles, pendant le séjour de Guillaume, on montrait du doigt ces femmes passées du service public à l'intimité de quelque Allemand. Chaque soir, elles exhibaient leur museau maquillé sous les charmilles du parc à l'heure où la musique d'un régiment s'y faisait entendre.

Pour s'assurer les bonnes grâces de ces filles de Bohême, ils ne se ruinaient pas les Allemands. Jadis nos fortunes étaient fondues en lingot pour leur plaire ; l'Allemand déposait à leurs pieds des richesses qui lui coûtaient peu. Dans les délicieux cottages qui environnent Paris, des mains intelligentes avaient réuni des ébènes, des ivoires, les objets bizarres que la Chine nous envoie, toutes les fantaisies du luxe faites pour séduire les femmes.

Aux yeux des Prussiens, ces merveilles étaient sans maitre ; ils en disposaient, et des femmes les recevaient sans songer que, si les Prussiens volaient, elles étaient recéleuses, et qu'après leur départ, la justice française opérerait chez elles de dangereuses perquisitions.

VII

Quand on fait usage de ses lèvres et de ses charmes, on peut vendre aussi ses regards et son oreille, ne rien excepter du marché.

Alors, on a deux sources de lucre, sans qu'il soit possible de dire laquelle est la plus vile.

Oui, des femmes, de petites dames du monde irrégulier, furent accusées d'être à la solde secrète de la Prusse et d'avoir reçu de honteuses subventions.

Après avoir bu dans nos verres, elles allaient boire dans le verre des Allemands et désigner le point de notre poitrine où il fallait enfoncer le poignard.

A l'appui de cette allégation, voici des pièces justificatives :

« Une élégante personne qui franchissait tous les matins dans un coupé la porte Maillot, a été arrêtée il y a quelques jours ; c'est une espionne des Prussiens. » (*Union,* 4 décembre 1870.)

« Depuis quatre mois, Paris se plaignait des filles se constituant correspondantes de la Prusse. Les nouvelles nous apprennent qu'un général commandant autour Paris, vers ouest, aurait pris le parti nécessaire de faire passer par les armes deux ou trois filles de mauvaises mœurs qui servaient audacieusement d'espions à l'ennemi. » (*Constitutionnel,* 4 décembre 1870.)

C'était en s'effaçant dans l'ombre et le silence, regardant en avant, écoutant en arrière, qu'elles se glissaient comme des ombres souples et mystérieuses jusqu'aux avant-postes prussiens. Mais à peine l'armistice est-il signé, qu'elles dédaignent ces précautions.

« La pauvre ville de Saint-Denis, si éprouvée par les bombes, est le théâtre de faits pénibles d'un autre ordre. Beaucoup de femmes déclassées y viennent faire aux Prussiens, à leur manière, les honneurs de l'hospitalité française. » (*International,* 24 février 1871.)

Le 16 mars, quand les Allemands parquaient sur la place de la Concorde, quelques-unes de ces impures pécheresses voulurent échanger avec eux quelques paroles. On sait avec quelle courtoisie elles furent traitées par les femmes et les voyous qui les entouraient.

Les vêtements de l'une étaient arrachés comme s'il se fût agi de déplumer une grue ; l'autre avait à l'instant l'aspect de la Vénus Callipyge ; certaine partie de sa chair s'épanouissait à l'air libre et recevait, de mains calleuses, une rougissante correction. Baissons la toile sur ce tableau.

LES FEMMES QUI CRIENT

DEUXIÈME PARTIE

I

Hélas ! voici déjà qu'elles justifient notre rubrique ;
entendez-vous leurs violences gutturales ?

Un tressaillement de colère les agite parce qu'on
doute de leur patriotisme.

Qu'ont-elles de commun avec lui ?

Le patriotisme de la femme, c'est la résignation ;
Elles ?... elles sont la révolte !

Le patriotisme, c'est l'amour ; elles suent la haine !

C'est enfin le sacrifice ; elles ne savent que sacrifier... les autres ; mais dans cette œuvre de mort
elles excellent.

Immoler des êtres en les regardant de près ; sentir

le frisson de leurs chairs] qui palpitent ; se repaître de leurs douleurs ;

Marteler, brûler les choses ; supprimer les splendeurs que nous ont léguées les siècles ;

Céder à l'instinct sauvage de la destruction pour la destruction ;

Ah ! la bonne besogne ! Avec quelle volupté elles y mettent la main ; avec quelle furie elles l'achèvent !

C'est la luxure du sang.

Mais se sacrifier elles-mêmes ? allons donc ! Qui perpétuerait la race des séditieux et des athées ?

II

Il n'y a de vrai patriotisme que chez les Pénelopes assises résignées à l'ombre de leur foyer.

Quand la laine à filer ne la retient plus dans ce cher petit domaine où elle élève ses enfants, la femme sans religion descend dans la rue.

Riche, elle s'y promène et rit ; pauvre, elle manifeste et *crie*.

Manifester, tel est le sujet de tout conciliabule entre les commères d'un quartier. C'est par elles que le drapeau rouge fit, en novembre 1870, son apparition dans les rues de Paris. Il était brandi par une virago au front hardi. Trois cents autres sordides la sui-

vaient. A chaque carrefour, elles poussaient un for-
midable vivat à la Commune. Des voyous, en belle
humeur, leur firent escorte en répétant sur l'air des
Lampions : « Saint-Lazare ! » C'était nous dire d'où
elles venaient et où elles allaient.

Plus tard, quand tout nous manqua, quand la
nation, à merci sous le pied de l'étranger, fut impuis-
sante à se débattre encore, la folie de la lutte à
outrance et des combats inutiles exalta un grand
nombre de ces femmes. On les vit ramasser des pavés,
des vases, des bouteilles cassées qu'elles montèrent
jusqu'à leur mansarde pour les rouler en avalanche
sur les Prussiens, s'ils tentaient d'entrer dans Paris.

Malheur à celles dont l'énergie s'amollissait dans
les larmes ! Si d'une bouche douloureusement crispée
s'échappait une plainte, elle était à l'instant réprimée.
« Mon Dieu ! que cela finisse ! » s'écriait, par une
nuit glaciale, une femme enceinte, vertèbre vivante
d'une longue queue à la porte d'une boulangerie.
D'horribles mégères lui cinglèrent aussitôt le visage.

Nous les retrouverons encore crachant des injures,
menaçant du regard et faisant hurler leurs colères
durant les heures lamentables où Paris et ses forts,
divisés en deux parts, étaient occupés d'un côté par
les Prussiens et de l'autre par la Commune.

Alors encore elles voulurent que celle-ci se défendît
à outrance et prolongeât contre les soldats de la représentation nationale une lutte fatale et sans issue.
Elles s'armèrent même pour y prendre part.

Le 3 avril, quand la Commune lança sur Versailles

ses bataillons, le *Mot d'ordre* publia les détails suivants :

« A l'heure où nous écrivons ces lignes..., une troupe de femmes armées de chassepots est passée place de la Concorde ; elle allait rejoindre les combattants de la Commune. »

Et le *Journal des Débats* ajoutait ironiquement :

« Un grand nombre de femmes se sont livrées à des manifestations guerrières : étendards, chassepots, chants du départ.... Rien n'y a manqué.... *que le départ.* »

« Depuis hier (6 avril), écrivait enfin le *Gaulois*, il n'est pas rare de rencontrer... des bataillons de femmes marchant deux par deux, vociférant, hurlant, le sabre au jupon et le chassepot sur l'épaule. C'est hideux et c'est grotesque... »

Et le lendemain il complétait le tableau en disant :

« Certains postes de Paris sont occupés moitié par des hommes, moitié par des femmes qui ont le bidon aux reins, le sabre au côté et la pipe à la bouche. »

III

Les femmes qui avaient pris les armes ne pouvaient souffrir qu'un homme n'en fît pas autant.

Donc quand la Commune décréta des levées

d'hommes, elles se mirent en quête des réfractaires qui se dérobaient à la solidarité de cette lutte coupable et refusaient d'en être les complices.

Malh ur au jeune homme caché qui posait son front soucieux sur la vitre de son asile. A l'instant son œil incertain se croisait avec l'œil plein de flammes d'Augustine Chiffon, par exemple, qui, sanglée d'une écharpe rouge et armée d'un revolver, fouillait sans cesse tous les coins où se dissimulaient les recrues rebelles.

Dans le 12ᵉ arrondissement des femmes s'étaient embrigadées ; elles portaient un brassard rouge et se concertaient au club Saint-Eloi, présidé par Catherine Rougeart, dont le dossier criminel contient ces lignes :

« Le rôle de ce bataillon était de rechercher les réfractaires, de les amener devant le bataillon, de les frappper et de les fusiller ensuite s'ils refusaient d'obéir. »

Ce n'était pas un bataillon ; ce fut une meute bondissante de limiers furieux. Quelles ardentes battues dans cette chasse à l'homme ! Que de fois ces femmes se cramponnèrent au bras d'un pauvre jeune homme avec cette crispation nerveuse qui étonne et dompte le plus fort.

« J'engage, disait l'une d'elles, à ce club Saint-Eloi, j'engage toutes les femmes à dénoncer leurs maris et à leur faire prendre les armes ; s'ils refusent, fusillez-les. »

IV

Pendant ce temps, les Versaillais approchaient, et déjà l'on se demandait si demain la Commune serait encore debout.

Alors les affiches du fameux comité de l'*Union des femmes* couvrirent les murs de Paris.

On y lisait :

« Les femmes prouveront à la France et au monde qu'elles savent donner leur sang et leur vie sur les remparts pour la défense et le triomphe de la Commune. »

A cet appel répondit tout ce qu'il y a de grisonnant, de difforme et de plus dédaigné parmi les femmes. Leur horde hideuse précédée de tambours s'avança bruyante vers l'Hôtel-de-Ville. Sur leurs bannières flamboyait cette devise : « La Commune ou la mort! »

Le délégué qui les reçut à l'Hôtel-de-Ville était bien choisi. Gambon, l'homme à la vache, leur promit les armes qu'elles demandaient ; et elles se retirèrent en glapissant : « Mort aux traîtres ! »

Elles étaient loin qu'on entendait encore les rauques éclats de leurs provocations à la lutte et à la mort.

Mais il fallait régulariser et discipliner tous ces corps francs où s'étaient enrôlées les femmes.

Jusque-là, leur service avait le plus souvent consisté à faire des perquisitions pour satisfaire leur convoitise, et à mettre dans leurs poches l'argent des troncs.

« Il paraît, disait le *Gaulois*, qu'elles ne se bornent pas à arpenter militairement la rue et à se mêler à la boue du trottoir ; elles montent carrément dans les appartements que leur désignent la vengeance et la cupidité et pillent à belles mains. »

Et le 15 avril il ajoutait encore : « Les perquisitions dans les sacristies accompagnent les arrestations des membres du clergé... Des femmes ne se contentent pas d'y assister, elles font main basse sur le linge et les ornements d'église. »

La Commune créa un régiment d'*Amazones de la République*.

Ce n'était point le premier essai de ce genre que l'on tentait. A Elbeuf et à Ingouville, des jeunes filles avaient voulu former un régiment qu'elles nommaient la Vengeance. Mais le *Journal du Havre* les avait raillées en disant : « On a beau dire que le caractère de la femme est mobile ; peut-être faut-il encore réfléchir avant de les mobiliser tout à fait. »

De Dijon on avait écrit :

« Ce n'est pas seulement un détachement de garibaldiens qui est arrivé ici, mais une avant-garde de *garibaldiennes*. Ces dames portent des costumes de fantaisie, mais militaires. Quelques-unes sont déguisées en officiers, c'est-à-dire qu'elles portent l'uniforme et le képi. »

Déguisées, c'est-à-dire des femmes travesties comme il en vient au bal de l'Opéra ; de faux officiers du mardi-gras.

Dans Paris assiégé on avait aussi tenté de former un bataillon d'amazones. Mais le règlement laissait trop à désirer pour attirer les recrues.

Défendre les remparts avec les *vieux* et les *invalides* de la garde nationale ; donner aux blessés les premiers soins ; rendre aux combattants « tous les services compatibles avec l'ordre moral et la discipline » : c'est-à-dire être au bivouac la ménagère du troupier pour tremper sa soupe, c'était très-moral.

Ajoutez à cela que l'on exigeait des recrues un certificat de bonne conduite ; et l'on ne s'étonnera pas que le bataillon fut dissous avant d'être formé.

Sous la Commune, on se montra moins exigeant, et les cadres furent promptement remplis.

Il y avait alors tant de filles perdues qui s'en allaient dans la vie à l'abandon ! Toutes furent acceptées sans contrôle et devinrent de véritables soudards.

Egales à l'homme en ses vices, buvant comme lui le vin bleu, s'hébétant avec lui, c'était des êtres hybrides.

Le 16 mai, dans la cour des Tuileries, elles étaient deux mille cinq cents vêtues de jaquettes azurées et montrant, sous un képi à aigrettes, leur figure have et flétrie.

C'était leur première revue : ce fut la dernière ; car la Commune en était alors à ses dernières pulsations.

On sait combien son agonie fut terrible !

V

Quand les soldats de la représentation nationale furent entrés dans Paris, derrière chaque barricade prise d'assaut, ils trouvèrent des femmes qui les défendaient avec fureur.

Elles obéissaient à l'*Union des femmes,* qui avait envoyé dans tous les arrondissements cet ordre : « Rassemblez toutes les femmes et le Comité lui-même et venez immédiatement pour aller aux barricades. Signé : Citoyenne E. Dimitri. »

Donc à la Place-Blanche cent vingt femmes s'étaient retranchées.

L'hôtel de la Marine était occupé par deux cents amazones qui faisaient feu avec rage. Au milieu d'elles la cruelle ambulancière Florence Vandewalle tirait le canon.

Sur la barricade de Saint-Florentin était une femme aux traits mâles et durs dont le hâle rehaussait encore l'énergique accentuation. Véritable panoplie vivante, elle avait à la ceinture un sabre, un poignard, une paire de revolvers ; et quoiqu'elle portât encore en bandouillère un chassepot, elle tirait aussi le canon et la mitrailleuse. Accompagnée de la femme Vandewalle, elle ne prit pas la fuite ; devant les progrès des Versaillais, lentement et à regret, elle fit retraite vers l'Hôtel-de-Ville, où, proclamée la plus intrépide pointeuse, elle fut triomphalement portée.

Enfin, au versant de la barricade d'Inkermann, se dressait une grande et forte fille à la noire et épaisse chevelure. Son œil brun semblait promettre les cruautés d'une nature tropicale ; c'était Adèle Panthex, cantinière du 112e bataillon.

Et pendant ce temps Augustine Chiffon, avec son écharpe rouge, qui dessine les ondulations de sa taille, inspecte toutes les barricades de la rue d'Austerlitz et du boulevard Mazas ; elle encourage les défenseurs par l'alcool qu'elle réquisitionne chez les marchands de vins. Les mains couvertes de sang, elle traverse joyeusement la rue Daumesnil, et donnant aux éclats terribles de sa voix une inflexion cruelle, elle s'écrie : « J'en ai couché deux ! »

En ce moment, quelques otages retenus à la Préfecture de police sont élargis par Raoul-Rigault. En sortant ils se heurtent contre une barricade ; et c'est encore une jeune fille portant écharpe rouge qui les contraint par la violence à s'associer à sa défense.

VI

Si, durant les mauvais jours de 1870 et de 1871, des hommes épouvantèrent la société par des fureurs jusqu'alors inconnues, trop souvent ils ne furent que les brutaux instruments des fantasques cruautés rêvées par des femmes.

L'assassinat du commandant Arnault, à Lyon, prouve jusqu'à quel point le goût du sang peut se développer en elles.

Il y avait là une trentaine de femelles qui provoquaient à la férocité leurs fauves mâles. Pour ne perdre aucun détail des tortures de la victime, la sentir palpiter, pour que chacune pût au moins attraper un bout du drame, elles s'étaient rangées de chaque côté.

On ne se trouve pas tous les jours en face de tant de douleurs ; il fallait pouvoir les regarder de près !...

Dans nos provinces comme à Paris on constate chez certaines femmes le même goût au mal, le même fanatisme pour le faire. Leur cœur, qui doit être un foyer radieux de charité et d'amour, recéle autant de perversité que de haine. Leur main ne devrait pouvoir qu'effeuiller une fleur ; elle fut une tenaille de fer à l'usage de la torture.

Les conseils de guerre en ont condamné plusieurs qui s'illustrèrent dans l'odieux.

Ce fut surtout chez les cantinières des bataillons fédérés que s'éveilla l'appétit carnassier. Elles étaient si nombreuses que la Commune, prise un jour d'un bel accès de moralité, ordonna à Dombrowski d'en limiter le nombre.

Ainsi c'est une cantinière qui signale l'officier fédéré Beaufort comme un traître ; et celui-ci est aussitôt de assourdi par des hurlements de mort. La foule est si sûre de cette proie qu'elle la traîne ici, là, pour savourer ses angoisses.... Puis un coup part. La tête alourdie de la victime retombe en arrière, ses reins plient et elle glisse dans son sang....

La dénonciatrice, affranchie de tout respect de la douleur et d'elle-même, s'accroupit sur le visage crispé du malheureux et l'outrage jusqu'au fond de la mort !!

Aux heures d'agonie de la Commune d'autres cantinières rôdent dans le préau de la Roquette pendant que Genton procède à ses instructions sommaires ; elles suivent les pelotons d'exécution. Hérauts sinistres, elles crient au peuple : « Justice est faite ! »

Dans le chemin de ronde, où tombèrent l'Archevêque et ses compagnons de la dernière heure, autour de leurs cadavres comme dans leurs cellules, partout où il y a du butin à prendre, on voit voleter et ramper des femmes de proie.

Mais voici que de cette prison sortent des prêtres et des militaires désarmés. Ces otages s'en vont au supplice de la rue Haxo. Une longue coulée grouillante roule à leur suite. Une cantinière dirige cette horde sinistre ; elle est à cheval, et de loin l'on aperçoit la plume ondoyante de son képi.

Le 26 mai, une fille de vingt ans, Célestine Clairiot, le fusil à la main, traîne à la Roquette un ancien gendarme. Elle le traduit devant des voyous ivres qui, les bras nus accoudés sur une table chargée de bouteilles, singeaient une cour martiale. Pendant que le malheureux subit un interrogatoire pimenté de plaisanteries, elle insiste pour commander le peloton d'exécution.

A la faveur du tumulte, Mgr Surat, M. Chaulieu et quelques autres otages s'étaient évadés de ce lieu d'horreur, mais pour tomber dans un pire. A la barricade du boulevard Voltaire ils furent reconnus. Là, commandait aussi une jeune femme de 23 ans, Marie Guyard. Porteur d'un drapeau rouge, elle se met à la tête des hommes chargés de réincarcer les évadés ; et quand Chaulieu, qui a tenté un suprême élan vers le salut, est repris, quand tout haletant il crie : grâce ! « Attends, dit-elle, tu demandes du gras, je vais te donner du maigre. » Saisissant le poignard et le revolver passés à sa ceinture, elle allait se précipiter sur lui quand il tombe abattu par le coup de feu d'un clairon. « Bravo ! » s'écrie Marie Guyard, qui serre la main de ce dernier.

La Commune elle-même avait son Égerie qui lui suggéra ses décrets les plus odieux. Les satrapes de l'Hôtel-de-Ville utilisèrent le venin d'une vipère. Pendant tout le temps qu'ils y régnèrent, une femme de 22 ans siégea dans leurs conseils. Elle s'appelait Louise Michel. Institutrice jetée hors de sa voie, elle s'était traînée péniblement dans la vie jusqu'à ce que la révolution la ramassât. Rongée du cancer de l'envie, elle donna aux membres de la Commune les plus monstrueux conseils ; elle les abreuva de sa fureur latente comme d'un fiel en dissolution.

VII

Lorsqu'on releva dans les rues de Paris les victimes de notre dernière guerre civile on constata que plusieurs avaient le visage étoilé de plaies. Ce n'était plus qu'une masse informe de chairs sanglantes et calcinées.

« Des femmes avaient reçu l'horrible mission de dévisager des soldats en leur brûlant la figure avec un liquide corrosif. On a trouvé sur des soldats tués des traces de cela. C'était la bande des *vitrioleuses !* »

O mort ! ô agonie ! on ne vous respectait même plus !

Quand ils étaient là étendus dans leur accablement mortel, quand il n'y avait plus que quelques faibles gémissements sur leurs lèvres, les vitrioleuses s'agenouillaient près de nos blessés, et sur ces pauvres victimes pantelantes et râlantes elles versaient un liquide dévorant ! Oh ! les horribles convulsions qui couraient alors le long de ces demi-cadavres !

Le cœur de la femme est artistement pervers !

En ces jours, où s'achevait la lutte, le soleil de mai dardait ses plus chauds rayons. Au milieu de ses ardeurs torrides, des tourbillons de fumée et de poussière, le soldat, dévoré par la soif, buvait avec avidité l'eau-de-vie que des marchandes colportaient dans les rangs.

Or, dans cette liqueur ardente, plusieurs femmes mêlèrent un toxique foudroyant ; et c'est la mort invisible, muette, occulte qu'elles promenaient et vendaient à nos soldats dont les entrailles se *fondaient* pour ainsi dire après avoir bu. Quelques-uns de ces reptiles furent écrasés sur l'heure par le pied vengeur de nos troupes.

Le 15 mai, le correspondant du *Times* vit passer dans la rue de la Paix trente sémillantes filles au teint rose et dont le front était couronné d'une épaisse chevelure. Charmantes et faites pour plaire, elles étaient cependant accompagnées de sifflets et de malédictions : ce qui ne les empêchait guère de lever effrontément leurs yeux veloutés. Elles sautillaient d'un pas léger entre deux haies de soldats, sans souci du sort qui les attendaient à la place Vendôme.

Ces anges par la figure étaient des démons par l'âme. Grâcieuses, mais mortellement perfides, elles avaient offert à de pauvres soldats le verre de bien-venue. Et ceux-ci y avaient bu le trépas.

Est-il besoin enfin de rappeler ces femmes inspi-rées par Satan, qui semblait leur avoir prêté ses pro-cédés infernaux : les pétroleuses.

Partout où s'allumait une guirlande dentelée de lueurs dorées, partout où les flammes mordaient les boiseries, partout où s'affaissait un toit, où se détachait une cheminée, on les voyait courir échevelées. Leur haleine bruyante comme un soufflet de forge semblait attiser les flammes.

Elles étaient embrigadées et obéissaient à un mot d'ordre. « On a arrêté une petite fille de huit ans qui allait jeter du pétrole dans une cave. Elle a dit : « Nous sommes huit mille pour cela. » Elles étaient, selon l'enfant, huit mille pour cela, tant femmes que filles, sous la haute direction de Ferré qui les avait divisées en escouades commandées par des sergents et des caporaux femelles. » (*Opinion nationale*, 4 juin 1871.)

Alors on vit, dans la nuit, la coupole des Tuileries briller d'une lumière rougeâtre et blafarde, l'Hôtel-de-Ville se teindre aussi de la pourpre ardente du feu, et, au-dessus de Paris tout entier, s'élever des gerbes tourbillonnantes d'étincelles, de rouges colonnes de fumée. Çà et là on entendit les monuments s'écrouler avec le retentissement de l'avalanche. L'irrésistible élément minéral, plus fort qu'aucun pouvoir humain, coulait en vagues ardentes et donnait à la ville l'aspect d'un cratère en éruption.

VII

La guerre civile a cessé. On n'entend plus que quelques détonations isolées. Les brasiers de la flambée pétroleuse ne rejettent plus que des tourbillons de fumée

L'heure terrible de la justice sommaire est passée ; plus d'immolations impitoyables.

De Paris à Versailles, les colonnes de prisonniers se tordent en noires spirales sur la grise poussière des chemins. Çà et là, au milieu de ces hommes noircis par la poudre, émergent des femmes plus à craindre que ces derniers désarmés.

En effet, on a respecté leur pudeur plus qu'elles ne la respectent. Les fouiller semblait une témérité malhonnête, et les soldats ont reculé devant cette formalité sacrilège. Mal leur en a pris ; car dans les plis de la robe, où aucun regard indiscret ne s'est glissé, les prisonnières ont caché des armes.

Malheur à ce colonel qui commande l'escorte si la la surveillance de celle-ci fait un instant relâche. Une jeune fille de dix-sept ans lève rapidement sur lui son revolver et le tue !

IX

Puis s'ouvrent les séances des conseils de guerre. A la barre, toutes ces femmes se signalent par le cynisme de leur attitude.

C'est Augustine Chiffon et Louise Michel qui jettent l'injure à la face de leurs juges, qui repoussent avec une majuscule impudence leur pitié et demandent à être fusillées.

Et lorsque le conseil de guerre les envoie aux travaux forcés, les ardeurs féroces de leur haine font explosion.

« Ah ! les lâches, s'écrie la Chiffon, ils n'ont pas osé. Peuh !... Je sortirai encore bonne.... Du reste, c'est pour la frime ; un changement de gouvernement et je n'y serai plus ; et ce ne sera pas long. Oui, vive la Commune ! »

Et elle promet à ses juges le sort qu'ils n'ont pas voulu lui faire : « Vous serez à votre tour fusillés. »

Sa frénésie devient tellement hideuse que le public indigné s'écrie : « A la porte ! A la prison ! »

La passion qui palpite ainsi est maladive. C'est l'hystérie révolutionnaire qui crie dans la gorge altérée de cette furie.

La femme est extrême en tout.

Une fois tombée, déchoir encore et de plus en plus est un besoin invincible pour elle. La dégradation de l'homme a des limites ; la sienne n'en a pas.

Elle brave la société qui la repousse du pied ; elle lui renvoie ses dédains en effronteries cyniques. L'insulte grimace et ricane sur ses lèvres.

Se venger devient sa seule pensée ; elle est saisie de la monomanie de l'assassinat, de la folie de l'égorgement, de la frénésie du sang.

Elle ne connaît le frein d'aucune force morale.

Elle est aussi étrangère aux lois sociales qu'aux idées chrétiennes de repentir et de pardon.

Quand elle lève les yeux au Ciel, ce n'est pas en joignant les mains, c'est en dressant son poing nerveusement crispé.

Elle ne fréquente les églises que le jour où il s'agit de les piller ou d'y installer un club.

Quand la cloche tinte l'*Angelus*, elle persiffle celles qui se signent ; saisissant à son tour la corde, elle s'y suspend, et sonne à toutes volées le tocsin de la révolte.

Ah ! quel navrant spectacle offraient alors sous la voûte du temple ses folies sacriléges : rondes échevelées ; obscénités des gestes; les saletés, enfin, dont elle souille les bénitiers.

Il faut entendre ses applaudissements purulents quand, du haut de la chaire, une fille envieuse, comme toutes celles dont l'âge a grossi les traits et appauvri la chevelure, vient s'acharner contre Dieu qui gêne ses appétits.

Comment veut-on que ces femmes attisées par le souffle de la haine et de la discorde n'outragent pas celui qui est le symbole de l'amour et de la charité ?

Et alors, de leurs lèvres écumantes, sortent des notes mordantes : ce ne sont plus des cris ; ce sont de rauques hurlements, les sifflements du sarcasme, les crispations de la colère qui n'ont rien de commun avec les élans du patriotisme.

LES FEMMES QUI PRIENT

TROISIÈME PARTIE

I

La femme de la civilisation chrétienne remplit dans le monde moderne un rôle sublime.

A elle la garde du foyer.

Jamais elle ne le déserte ; elle laisse à l'homme la spécialité de cette lâcheté.

Assidue chez elle, elle file la laine et vide ses quenouilles pendant que son mari vide ailleurs son gousset.

Elle est l'ordre, l'économie, quand l'homme est le désordre et la prodigalité.

Le jour de son mariage elle avait juré d'aider celui-ci à porter le fardeau du ménage. Elle comptait au plus sur la moitié, et voici qu'on le lui laisse tout entier.

Les hommes ont autre chose à faire. L'Etat a sur la famille le droit de préséance. Avant d'être époux ils sont citoyens.

La France est envahie ; Paris est assiégé. Le prétexte de la défense nationale les débarrasse de toute responsabilité.

Et alors ils apaisent leur soif quand leurs enfants ont faim. Ils les laissent périr de misère avec un détachement républicain digne de Brutus.

Arrière les affections naturelles devant « l'amour sacré de la famille. »

Aux soucis de l'heure présente il faut escamoter le plus de minutes possible.

Et le garde national se croit un brave parce que, vêtu de sa tunique, il a trouvé le vin bon et les cantinières jolies ; parce que sa pièce de monnaie a renversé un bouchon planté sur le sol tandis que la balle inutile de son chassepot ne prenait pas le chemin des avant-postes prussiens.

Aussi ne revient-il chez lui que pour cuver son plaisir et réparer les fatigues de l'oisiveté.

Peu lui importe si sa femme, pendant des nuits entières, l'a attendu berçant ses enfants dont la fragile existence est plus en péril que la sienne quoiqu'ils n'aillent pas sur les remparts.

Ah ! qu'ils étaient à plaindre ces pauvres petits, les derniers venus de la couvée ! Le vent de la mort secouait bien fort la branche où ils étaient perchés.

Plus de lait dans la mamelle de la mère ; plus de vaches au pis rebondi !

Et, un soir, après une course au cimetière, la pâle Chlorose qui grelottait éplorée auprès de l'âtre glacé, qui frissonnait d'autant plus qu'elle avait beaucoup pleuré, mettait le feu *au berceau vide !....* Ne fallait-il pas chauffer la soupe des survivants, les aliments que le Gouvernement lui distribuait sans combustible, c'est-à-dire sans le moyen de s'en servir : Amère ironie de ces tristes jours !

Oui, pendant le siége de Paris, la femme honnête eut dans les martyres et les tortures de cette triste époque la part la plus saignante et la plus sainte.

Celle qui n'avait jamais connu la misère y glissa bien vite. Elle épuisa ses ressources, puis ses forces à sortir d'un abîme sans issue. Pendant que nuit et jour son mari jouait et buvait, elle travaillait jour et nuit. Elle jeûnait jusqu'à rendre ses nerfs éperdûment irritables ; elle veilla jusqu'à la mort de ses yeux.

Ah ! pour qu'elle subît sans murmure ce supplice de dénuement ; pour qu'elle acceptât du malheur, tout, hormis le fiel ; pour qu'elle devînt plus douce à mesure qu'elle devenait plus désespérée ; pour qu'elle fût si forte dans l'accablement, il fallait qu'elle puisât dans la prière le trésor de tant de patience et d'abnégation, il fallait que Dieu bénît et sanctifiât ce dévouement à la patrie !

II

Elle était agréable à Dieu la patiente et passive créature dont nous venons d'analyser les douleurs.

Il la bénissait, puisqu'il lui envoyait des consolations et des secours. S'il éprouve par le dénuement, il ne laisse pas la séve se retirer de l'arbre ; il suscite les *anges de la charité*.

Qu'on nous permette cette expression un peu prétentieuse ; nulle autre ne traduirait mieux notre pensée.

N'est-ce point le nom qui convient à ces gracieusses protectrices qui, dans nos jours trempés de larmes, acceptèrent la tutelle du malheur et lui prodiguèrent les largesses morales de leur âme compatissante ?

Certes, en temps-là, on fut généreux à tous les étages de la société. Mais on n'était pas quitte en ouvrant sa bourse, il fallait encore ouvrir son cœur.

Sous la froide et administrative étiquette de la bienfaisance des comités se formaient.

Les théâtres donnaient des représentations et des concerts au profit des victimes de la guerre ;

Dans leurs salons parfumés, les dames dont nous avons, dans notre première partie, signalé l'insouciante hilarité, songeaient à rendre leurs plaisirs utiles aux blessés. Elles sortaient de leurs écrins des bijoux qui y sommeillaient et les mettaient en loterie.

On ouvrait aussi des bazars de bienfaisance où ces belles *rieuses* offraient leurs marchandises avec la grâce pénétrante qui séduit le porte-monnaie le mieux fermé.

En décembre 1870, à Paris, chez un personnage du 4 septembre, elles excellèrent dans l'art de vendre une dinde 200 francs et une pomme de terre 10 fr.

C'était de la bienfaisance agréable et amusante ; ce n'était point de la charité.

Abandonner une prise au superflu à des mains qui se chargent de la distribuer, n'est rien ;

Laisser tomber tellement quellement sur un indigent inconnu un argent philanthropique, c'est peu ;

Il faut « le visiter, lui parler, le toucher, voir et sentir sa misère, lui porter avec le pain et le vêtement le visage pieux d'un ami. »

Les femmes *qui prient* réalisèrent ce programme exposé par Lacordaire. Elles furent non-seulement la source, mais le canal des offrandes. Après les avoir recueillies dans les maisons luxueuses, elles les montaient jusqu'aux mansardes ou les descendaient jusqu'aux souterrains.

Dans les caves de nos contrées, à la limite indécise entre le jour et la nuit, elles apparaissaient comme un rayon d'espérance.

Rien ne les arrêtait : ni l'allée sombre, étroite, qu'il fallait traverser ; ni l'escalier humide et boueux que l'on montait et descendait en se tenant à une corde grasse.

Donnant congé aux répugnances, elles s'asseyaient même près d'un grabat où la saleté s'amoncelait. Elles séchaient les larmes de ceux qui pleuraient, elles réveillaient leur sourire.

Voir souffrir et consoler, frôler les haillons, toucher la chair fiévreuse et saignante, tel était leur unique préoccupation.

Elles pénétraient même jusqu'au bouge fétide de la femme haineuse qui les poursuivait de ses clameurs et de son sombre regard.

Là, dans ce taudis infect et gluant, leurs blanches et délicates mains se tendirent vers les mains calleuses et noircis de la malheureuse qui ne prenait pas l'initiative parce que des théories infâmes l'avaient mise en défiance contre la charité.

Mais pouvait-elle garder longtemps rigueur à l'air de distinction et de bienveillance de ses nobles visiteuses.

En tombant de leurs mains et de leur sourire, l'aumône, tant calomniée, rompit la glace entre des cœurs qui désormais battirent à l'unisson sous le velours comme sous les haillons.

III

Il y eut une heure surtout, heure pesante et lourde, comme à l'approche de l'orage, où l'active compassion des femmes charitables dut faire tout le chemin qui les séparait du malheur.

Après le vaste écroulement de Paris capitulant, la détresse fut dans cette ville non ravitaillée plus grande que durant le siége. Le 4 mars 1871, un journal de Londres, l'*International*, la dépeignait ainsi :

« Il y a de nombreuses familles dans la classe moyenne et dans les hauts rangs de la société qui meurent littéralement de faim. Il se peut qu'une honte bien naturelle les empêche d'aller demander leur part des aumônes qui se font…. C'est aux *sœurs de charité* seules, maintenant qu'elles ont achevé leur œuvre sur les champs de bataille, qu'on doit que les morts par faute de nourriture ne soient pas plus fréquents. Elles vont pour ainsi dire de porte en porte s'enquérir des besoins et se hâtent de faire leurs rapports aux autorités. »

Puis vinrent les visites dans les gares aux prisonniers de guerre rentrant d'Allemagne : visites bien différentes de celles qu'ils avaient reçues des *rieuses* quand ils partirent pour le combat.

Leur teint livide et plombé, leur maigreur, le

chiffonné loqueteux de leur accoutrement trop usé, racontaient à l'œil de l'observateur des privations et des douleurs sans nom. De ravissantes jeunes filles prenaient gentillement leur vol jusqu'aux trains de fer pour leur offrir des aliments réconfortants. Hélas ! un jour, l'une d'elles, Mlle Riton, montée sur le marche-pied d'un wagon à Strasbourg, tomba. Saisie par la force aveugle de la machine, elle fut broyée. Les témoins désespérés et impuissants de cette horrible scène ne purent que recueillir une masse informe de chairs sanglantes et boueuses auxquelles on fit de splendides funérailles.

IV

Ce ne fut pas seulement son temps, ce fut ausi ses doigts que la pieuse bienfaitrice des malheureux mit, en 1870, à leur service.

En des jours prospères, exercer l'agilité et l'aptitude de ses doigts, c'était pour elle rompre la monotonie d'une existence parfaite, amuser une activité sans emploi.

Elle s'occupait parce que le temps est court pour qui l'emploie.

En 1870, son travail fut dirigé vers un but utile. Délaissant les broderies, les tapisseries, tous les ouvrages futiles, elle vida ses armoires où le linge s'empilait.

Le linge : voilà ce qui convenait aux pauvres, aux blessés et même aux soldats valides.

Tout leur était bon, même la toile devenue transparente par un long usage et dont on faisait une charpie d'autant plus moelleuse.

Avec quelle ardeur passionnée elle tailla, elle cousut la blanche étoffe ! Elle effilait la trame hors d'usage.

Pour la première fois, elle connut la fatigue ; mais cette fatigue avait tant de charmes ! Si la lassitude engourdissait sa main, son cœur se fortifiait par le labeur. Pendant que le corps s'inclinait sur l'ouvrage, l'âme satisfaite s'élevait vers Dieu.

Imiter, est la tendance de l'esprit humain, surtout quand l'exemple vient de haut. Il fut donc de bon ton de travailler pour les malheureux. On recruta même des ouvrières parmi ces rieuses qui semblaient ne point partager nos soucis ;

« Il y a à Paris, écrivait un correspondant du *Standard,* les dames et les demoiselles qui ne veulent pas soigner les malades en réalité, mais qui passent dans les rues revêtues du deuil le plus élégant et se penchent en avant aux portières de leurs voitures tandis qu'elles font de la charpie de manière à ce que tous les passants les voient. » (*Etoile belge,* 10 novembre 1870.)

Elles n'agissaient point ainsi les femmes pieuses qui, fuyant le bruit de la renommée, se faisaient la Providence mystérieuse de tous ceux qui saignaient.

A Paris, durant le siége, quand une neige épaisse

et durcie couvrait le pavé, quand la disette du combustible laissait sans feu même l'âtre du riche, des dames organisèrent des vestiaires, elles y recueillaient les vieux vêtements fripés et récroquevillés, qu'elles réparaient et transformaient.

C'est à la même époque que se forma l'association des *tricoteuses*. Mais ce nom n'effaroucha personne : les associées tricotaient des chaussettes et des gilets.

Ces vêtements étaient distribués aux malheureux qui grelottaient sans abri et sans pain. De la province ils étaient envoyés surtout au plus misérable, au plus dépouillé, au vrai pauvre de ce long hiver : le prisonnier français en Allemagne.

Ah ! ce fut l'aumône d'un patriotisme intelligent qui sait découvrir la misère honteuse dont la bouche ne se plaint pas ! Combien elle était dure cette misère obligatoire de la captivité, que le courage et l'énergie ne pouvaient secouer !

On les comptait par cent mille dans les campements allemands ces hommes auxquels le nécessaire manquait. Partagés entre les soucis du passé et les inquiétudes de l'avenir, engourdis par le froid dont leurs tuniques trouées ne les garantissaient guère, ils recevaient avec bonheur les vêtements que des mains généreuses leur préparaient. Le docteur Worms, de Bruxelles, chargé de leur en faire une distribution, signala les transports de leur joie auxquels s'associèrent, dit-il, « les nobles sœurs de la charité. »

De saintes filles de Dieu les avaient, en effet, suivis dans l'exil pour apaiser leurs souffrances morales, pour embaumer leurs plaies livides, pour respirer l'haleine mortelle de ceux qui ne devaient plus revoir leur patrie.

Et quant aux femmes que nous avons vues mettre au service de la haine et de l'impiété les sonorités vibrantes de leur gosier, travaillaient-elles ?

Médiocrement pénétrées de la nécessité pour elles-mêmes d'un travail régulier et continu, elles trouvaient plus commode de prélever une aumône sur le salaire des autres et de crier dans les clubs qu'il fallait soumettre au travail obligatoire les saintes recluses des cloîtres.

Elles voulaient que ces natures contemplatives faites pour le silence et la prière fussent arrachées à leurs mystiques extases....

— Pourquoi faire ?

— Des cartouches !

Et comme il faut que l'odieux paie son tribut au grotesque.

— Non ! non ! s'écriait un gavroche, avec cet esprit des choses basses dont il a le don, elles y mettraient du sable !

V

Grâce à l'initiative privée qui suppléa à l'imprévoyance publique, tous les blessés de 1870 eurent un gîte où les soins ne leur manquèrent pas.

Les établissements libres d'instruction, les couvents fondés par la piété individuelle, de riches hôtels, des maisons particulières s'ouvrirent devant les brancards qui les transportaient.

Et les religieuses de tous ordres, ces vierges qui cachent les traits purs de leur visage sous un voile noir ou sous une blanche et sévère cornette, s'éparpillèrent dans les ambulances.

Nul n'oserait nier combien elles y furent utiles. Qu'aurait-on fait sans elles ?

De pieuses et nobles dames, qui seront toujours les créancières de nos éloges, y donnaient aussi l'exemple du dévouement ; mais, astreintes aux devoirs que le monde impose, ayant un mari et des enfants, elles ne pouvaient s'asseoir au chevet d'un étranger que lorsque le foyer domestique ne les réclamait point.

Grouper autour de soi les convalescents pour les récréer par une lecture ou un récit, relever le moral affaissé chez ceux dont les fibres se détendent, se faire les secrétaires des mutilés qui ne pouvaient écrire leur correspondance, faire à tous des distributions de menue monnaie, de tabac, de sucreries ou de jeux, avoir en un mot ces petites attentions sans nom si précieuses aux malades réduits à la faiblesse de l'enfance, c'était tout ce que les attaches mondaines permettaient.

Et puis parmi elles se glissaient quelques-unes de ces femmes habiles à apprécier le mérite d'un flacon d'essence, mais incapables de préparer une potion, des *rieuses* élégantes qui faisaient aux ambulances une visite de cérémonie. C'est à elles que s'appliquaient les allusions suivantes :

« A l'ambulance... le service est fait par des infirmiers et des infirmières du *commun* pour les gros ouvrages. La besogne agréable et facile, qui consiste à faire infuser une tisane ou à donner à manger avec une cuiller à ceux qui ne peuvent manger seuls, est faite par la fleur de... On vient à l'ambulance une heure ou deux par jour. On se trémousse un peu ; et, le soir, on dit : « mes blessés. » On quête pour ses blessés ; et l'on se rend justice en disant modestement qu'on a contribué dans la mesure de ses faibles moyens à chasser l'ennemi et à sauver la patrie. » (Journal d'un enfant de Paris pendant le siége. *Journal des Débats,* 27 février 1871).

Au contraire, libres de toutes liaisons avec le monde, ayant renoncé à toutes les jouissances de la vie, n'ayant de devoirs qu'envers Dieu, les religieuses semblaient réservées comme par destination à l'œuvre des ambulances.

Aguerries au spectacle des plus horribles misères, ayant depuis longtemps surmonté tous les dégoûts, nul ne pouvait mieux qu'elles assister aux guérisons cruelles de l'amputation. Il fallait le sang-froid de l'expérience pour *cueillir* d'une façon si légère les bandages collés sur les plaies.

Sans bruit elles se glissaient autour des lits. Leur douce main lissait la couche chiffonnée, éventait la joue brûlante, baignait les tempes fiévreuses, écartait la lumière importune.

Avec quelle patience, quelle résignation elles supportaient la farouche humeur de ceux qui manquaient de soumission.

Elles leur parlaient avec une angélique douceur quand ils grommelaient hargneux.

Ah ! nos yeux les ont vues ces séraphiques infirmières, attentives au moindre geste des malheureux qui, sans pouvoir ni vivre ni mourir, languissaient dans l'agonie.

Elles étaient attentives surtout auprès de ceux qui oubliaient de se repentir. Leur voix sympathique était un tiède souffle qui réchauffait un cœur glacé. Plus d'un de ces mutilés, qui grimaçait ses vilaines souffrances en blasphémant, s'est endormi entre les bras de la mort, bercé par ces anges terrestres.

On sait avec quelle insouciance de la contagion elles se chargeaient des pestiférés dont le monde ne voulait plus. L'épidémie ne les épargna pas.

A Pau, les Petites-Sœurs des pauvres ouvrirent leur maison aux prisonniers prussiens malades de la variole. Peu de jours après, leur supérieure succombait.

Pendant le siége de Paris, onze sœurs de charité moururent en soignant à Bicêtre des soldats atteints de ce mal effroyable. Quand l'administration voulut combler les vides, trente-deux filles de Saint-Vincent de Paul sollicitèrent la faveur de remplacer leurs consœurs. Il fallut que le sort désignât les onze infirmières.

VI

Qui l'aurait cru ?

En rafraîchissant les lèvres brûlantes de nos blessés, en arrêtant par un regard la plainte prête à en sortir, en fermant les yeux des mourants, en expirant elles-mêmes victimes de la contagion, les religieuses blessaient la jalousie amère de ces furies sinistres que nous avons vues se saouler de sang et de cris.

Il n'a pas suffi qu'elles se soient effacées du monde où elles pouvaient briller par la beauté, la richesse, leur nom, pour être à l'abri des éclaboussures de l'envie.

L'envie a horreur de tout ce qu'on admire et qu'on aime ; elle hait la vertu de toute l'énergie de ses vices, de toute la profondeur de sa fange.

Sous la voûte souillée d'une église-club, où on les grisait de sophismes et de mots qu'elles ne comprenaient point, des laiderons furibondes insistaient pour que les religieuses fussent expulsées des hôpitaux.

Au temps de la Commune, le *Comité de vigilance des citoyennes républicaines* écrivait :

« Nous protestons énergiquement contre toutes les religieuses pour qu'elles sortent immédiatement des hôpitaux.... attendu que nous avons assez de mères de familles dévouées et courageuses qui feront mieux leur devoir qu'elles. »

Devant ces excitations ardentes que voulez-vous, que fissent les bataillons de fédérés, si ce n'est exécuter ces basses œuvres ? Ils traînèrent les religieuses à la porte des établissements de bienfaisance et des hôpitaux ; ils les expulsèrent même des couvents qu'elles avaient édifiés à leurs frais !

Le 14 avril, en vertu de l'arrêté de Cluseret qui dissolvait la Société internationale de secours aux blessés, ils chassèrent à coups de crosses les sœurs infirmières du palais de l'Industrie.

Heureuses celles qui n'allèrent pas sous les verroux de Saint-Lazare remplacer ces créatures humaines voisines de la fange que la Commune s'était empressée de rendre à la liberté.... de leurs mœurs.

Et, quand des citoyens courageux protestaient auprès d'un délégué en écharpe rouge contre ces violences envers ces servantes volontaires des misères humaines : « Que voulez-vous, répondait-il, si au moins elles prenaient les *vêtements des femmes honnêtes*, on pourrait les laisser continuer. »

Etrange aberration de la raison qui ne rencontre plus les simples notions de la morale !

Quoi ! cette pâle guimpe, couleur de linceul, sous laquelle, un jour, devant sa mère en larmes, une vierge ensevelit sa beauté ;

Ces longs plis d'une robe noire, rigides comme la mort, blessent l'honnêteté !

Quoi ! ce voile sous lequel elle cache pudiquement ses grâces pour prier en silence, c'est une coiffure effrontée !

Le costume modeste, c'est le débraillé des citoyennes qui, pour cinquante sous, la remplacent au chevet des blessés...

Non, l'intelligence n'était pas viciée au point de prendre le contre-pied des choses.

Le but était de poursuivre la Religion dans ses manifestations extérieures, de supprimer la forme pour effacer le fond.

On décrochait les crucifix des murs. Autoriser une sœur de charité à porter, à travers les salles hospitalières, sur sa poitrine ou à sa ceinture, ce saint emblème de notre rédemption, eût été une inconséquence.

Le bien-être des blessés n'était qu'une question secondaire. Demandez-leur, en effet, ce qu'ils pensèrent des salariées laïques préposées à leur garde, et s'ils furent longtemps à regretter la mélancolique douceur et la sensibilité vraie de la religieuse qui jadis penchait sur eux son affectueux visage.

VII

Tandis que des hommes se tenaient prudemment absents des champs où l'on mourait, des femmes vaillantes les parcouraient en tous sens.

Quelques-unes appartenaient au monde. Si nous ne les nommons pas ici, ce n'est point que la liste en soit longue , mais il faudrait citer aussi celles plus nombreuses qui sortaient des monastères. Leur modestie aime l'ombre ; elle s'offenserait de cette indiscrétion.

Donc, en 1870, il y eut des femmes qui, sans peur et sans frisson, frayèrent leur chemin entre des armes brisées, des caissons vides, des cadavres de chevaux, jusqu'à la chair vive, suante et palpitante des soldats blessés.

Alors la tempête guerrière tonnait ; elle remplissait l'air de bruit, de fumée, de rouges lueurs ; elle jetait sur le sol une pluie de fer et de plomb.

Et la religieuse dans cette atmosphère enflammée n'avait pas un battement de cœur.

Sans s'inquiéter du pétillement rapide des chassepots, du sifflement aigu des projectiles, quand des combattants tombaient, elle accourait vigilante, éplorée, comme eût été leur mère que, dans le délire, ils appelaient.

Elle aidait à les transporter derrière un buisson, près d'un chirurgien occupé sans cesse à cette horrible besogne de tailler la chair humaine.

La teinte rouge, que l'on voyait apparaître sur sa robe, n'était pas toujours le sang des autres. Ses lèvres blêmes, en se contractant douloureusement, avouaient silencieusement qu'elle-même était blessée.

Ah ! dans ces jours sinistres, la gloire de ce monde vint malgré elle entourer d'une auréole son humble devoûment, son obscurité volontaire.

Une valeureuse fille de saint Vincent de Paul fut cité par le général du Temple à l'ordre du jour de ses troupes.

La Société internationale de secours aux blessés offrit sa croix de bronze aux religieuses qui s'étaient spécialement distinguées dans le service de ses ambulances.

Et le gouvernement en fit entrer plusieurs dans l'ordre de la Légion d'honneur.

La croix à cinq rayons est rare sur la robe d'une femme, plus rare encore sur la haire d'une religieuse. Comme les choses extraordinaires, quand elle y est attachée, elle n'est bue plus remarquée ; car nul ne peut se tromper sur sa signification. Elle révèle à tous que, dans les batailles, la religieuse a été brave plus que les braves, et qu'aux heures de notre sommeil elle a veillé nos pauvres blessés par amour pour la patrie.

Et voilà comment celle qui avait renoncé à l'opulence des atours du monde, qui, un jour, avait rejeté ces toilettes merveilleuses dont les femmes ont le secret, vit accrocher sur sa robe de bure un bijou humain et un ruban.

Un ruban ! souvenir lointain du temps où, sur sa jupe de soie, la main capricieuse de sa mère attachait des nœuds de rubans qui palpitaient au souffle de l'air.

VIII

En commençant cette étude, nous avons ouvert un compte d'éloges ou de critiques aux trois classes de femmes dont nous retracions la conduite en 1870.

Pour le balancer et le solder, il nous reste à rapprocher certains faits.

Il est un mot que l'on emploie souvent si mal à propos qu'on a fini par en luxer le sens vrai :

C'est le mot courage.

Au temps de la Commune, du haut des barricades, quand, haletantes de fureur, des femmes cherchaient au bout de leur chassepot la vie d'un Versaillais, était-ce du courage ?

Du courage ! Supprimez une syllabe.

C'était de la... rage ! le paroxysme de la frénésie.

La bravoure n'a pas ces ardeurs féroces, ces instincts sanguinaires. La bravoure est calme et sans vertige ; elle n'a pas ces soudaines explosions ou la raison s'abîme.

Oh ! nous ne voulons pas dire qu'elle soit une

vertu exclusivement masculine. La guerre de 1870 a bien prouvé le contraire.

Antoinette Lix était brave lorsquelle prit le commandement des francs-tireurs de Lamarche. « Elle fait merveille à la tête de sa compagnie.... se bat courageusement, est un exemple pour les jeunes gens de la mobile ; puis après de sanglantes rencontres elle redevient femme et panse les blessés sur le champ de bataille » (*Indépendance belge,* 26 décembre 1870.)

Elisa de Beaumont, comtesse de Biarchery, était brave lorsqu'au combat de Patay elle accompagna son mari et revint le soir seule et veuve.

Mais c'est l'envers de la bravoure que d'acculer à un mur un homme désarmé, d'écarter les secours et d'égayer par d'immondes quolibets les intermèdes de son supplice.

On l'a vue cette lâcheté collective s'évertuer autour du cadavre taché de sang et de poussière du commandant Arnauld. Or, pendant que de leurs mains osseuses les atroces mégères de Lyon soulèvent sa tête livide, voici ce qui se passait à Châteaudun.

C'est le jour où l'héroïque défense de cette ville est réprimée par les épouvantables représailles des Allemands. Un garde national est aussi collé au mur. Il est couché en joue par un Prussien.

Avec un courage qu'elle ne s'était jamais connu, une jeune femme se jette devant la victime, les yeux sur les yeux du bourreau. Son audace désespérée s'impose à ce dernier, qui baisse son arme.

Où donc a-t-elle puisé son courage ? Dans la prière. C'est sœur Jeanne de Chantal, supérieure de la Providence.

Elle ne montra pas moins de hardiesse imperturbable la dame des halles déléguée par sa corporation qui, le 7 avril 1871, s'en allait réclamer la liberté du curé de Saint-Eustache arrêté comme otage.

Abordant avec une franchise audacieuse et fière Raoul Rigault et ses complices : « Je veux mon curé, leur dit-elle. Je ne viens pas vous demander une grâce ; je veux mon curé. »

Prenant l'initiative de l'accusation, réduisant ces hommes à lui répondre au lieu de l'interroger, elle les interpelle sur les motifs de l'arrestation.

Et quand l'un d'eux essaie de dire « que tel était leur [bon plaisir, » elle renvoie leurs sarcasmes en réparties puisées dans le vocabulaire caustique des halles. Elle ne se tait qu'au moment où on la congédie de cette façon : Allons ! ne vous faites pas tant de bile, petite mère, vous l'aurez, votre curé ! »

Et le dimanche de Pâques, l'abbé Simon rendu à la liberté était acclamé dans son église par toutes les dames de la halle.

Or, pendant ce temps, des femmes péroraient dans des clubs ou sur les bornes des rues. L'une d'elles, à Batignolles, demandait « qu'on fusillât dix prêtres chaque jour pour épouvanter les Vendéens de Versailles.

Soulignons encore un autre mot dont on fit, en 1870, un étrange abus.

Quand la fortune des armes nous fut infidèle, ce mot sortit de bien des bouches : trahison !

Ce premier cri irréfléchi de la douleur nationale fut recueilli par des oreilles complaisantes.

Dans les clubs surtout il y eut une émulation malsaine d'accusations calomnieuses contre les prêtres, les frères de la Doctrine chrétienne, les religieuses qui partageaient les périls des soldats et allégeaient leurs souffrances.

Ah! s'il y eut des défaillances, ce ne fut pas dans leurs rangs. Nous avons dit plus haut où elles se produisaient.

Or, tandis que des femmes vénales, se faisaient pour ainsi dire les facteurs de la Prusse, tandis qu'elles venaient sous la tente de nos ennemis tendre leur *tire-lire* en livrant les secrets de notre défense, un aéronaute sorti de Paris laissait tomber un paquet de dépêches dans le couvent des Urselines à Saint-Germain. Les Allemands qui épiaient le ballon accoururent et sommèrent les religieuses de leur livrer la missive tombée du ciel. « Les officiers allemands, disait alors la *Pall Mall Gazette,* entrèrent dans le couvent deux minutes après, et il leur fut impossible de découvrir le paquet. Le commandant a donc posté des sentinelles aux grilles et logé vingt hussards chez les sœurs ; ce qui doit se répéter tous les jours jusqu'à la découverte du paquet. »

O patrie, compare donc et distingue enfin ceux qui t'aiment.

Douce et malheureuse France, quand sur la neige, que ton sang avait rougie, tu frissonnais, elles pleurèrent avec toi, elles soutinrent ta tête alourdie. Durant les heures sombres, elles se prosternaient devant la colère céleste pour la désarmer.

Saint-Om.r, typ. J. LANCE.